Heide Simonis

im Gespräch mit Erich Maletzke

Ausgeteilt, eingesteckt

Leben mit und ohne Politik

© 2007 zu Klampen Verlag - Röse 21, D-31832 Springe
info@zuklampen.de - www.zuklampen.de

Umschlaggestaltung/Titelfoto/Satz:
Astrid Boelter (sh nord media), Osterrade
Druck: Clausen & Bosse, Leck

ISBN 978-3-86674-012-9

Bibliografische Information Der Deutschen Bibliothek
Die Deutsche Bibliothek verzeichnet diese Publikation in der
Deutschen Nationalbibliografie; detaillierte bibliografische
Daten sind im Internet über *http://dnb.ddb.de* abrufbar

Inhalt

Vorweg

Neben Angela Merkel ist Heide Simonis noch immer die bekannteste deutsche Politikerin. Das ist umso bemerkenswerter, als sie die politische Bühne vor zweieinhalb Jahren verlassen hat. Nicht freiwillig und nicht gerade leichten Herzens. Wenn sie dennoch in den Medien präsent geblieben ist, dann vor allem aufgrund ihrer neuen Aufgabe als Vorsitzende von UNICEF Deutschland. Statt für die politischen Ziele ihrer Partei, kämpft sie nun für das Wohl von Kindern in der dritten Welt.

In mehreren Büchern hat Heide Simonis über fast 40 Jahre Leben in der Politik Auskunft gegeben, einmal mit dem treffenden Titel „Unter Männern"; denn als sie ihre Karriere in Bonn begann, da war Politik, jedenfalls in den höheren Etagen, noch eine reine Männer-Domäne. Und selbst als sie 1993 in Kiel erste Regierungschefin eines Bundeslandes wurde, klagte ein biederer Bauer beinahe unter Tränen: „Das ganze schöne Land in der Hand einer einzigen Frau".

Wer sich in dieser Männerwelt durchsetzen wollte, der musste robust auftreten. Da Heide Simonis von eher zarter Statur ist, nutzte sie andere Waffen, in erster Linie ihren scharfen Verstand und ihr flottes Mundwerk. Da sie auch noch den Titel „Miss Bundestag" erhielt, wurde sie in den Talkrunden der Herren Beckmann, Kerner und Co. ein häufiger und gern gesehener Gast, der munter drauflos erzählte. Über Streit mit dem Gatten Udo, über eine wenig geliebte Mutter, über Kindereien auf höchster politischer Ebene. Da sie nie ein Blatt vor den Mund nahm, gelang ihr allerdings nie der Sprung dorthin, wo sie durchaus gerne Platz genommen hätte, nämlich auf einem Sessel im Bundeskabinett. Ob Helmut Schmidt oder Gerhard Schröder, allen war sie zu kess und zu direkt, sagte: „So ein Mist" oder noch Gröberes, wenn ihre

Parteifreunde in gesetzten Worten das Einerseits und das Andererseits unterstrichen.

Heide Simonis ist im Original am besten zu erkennen und zu verstehen, und deshalb lag es auch nahe, sie in einem so genannten Interview-Buch vorzustellen. Dies geschah unter der Zusicherung, dass die Befragte erstens wirklich kein Blatt vor den Mund nimmt und zweitens auch das erzählt, was sie in den erwähnten Talkrunden nicht schon hoch und runter berichtet hat.

Bei einem halben Dutzend „Sitzungen" in ihrer Kieler Wohnung hat Heide Simonis Wort gehalten und viele Stunden lang aus ihrem Leben berichtet. Und da sie zu den Rednern gehört, die selbst den schnellsten Stenografen des Kieler und Bonner Parlaments Höchstleistungen abverlangte, lässt sich erahnen, wie umfangreich die erst gehörte und dann zu Papier gebrachte Ausbeute der Treffen geworden ist.

Leser von Interviews mit prominenten Menschen wundern sich immer wieder, wie gewählt und wie klug sich die Befragten auszudrücken pflegen. Eingeweihte wissen, dass die Hauptarbeit der beiden Gesprächspartner erst beim Verfassen des schriftlichen Wortlauts beginnt. Und manches mühsam geführte Interview erblickt überhaupt nie das Auge der Öffentlichkeit, weil der Befragte im Nachhinein über den eigenen Mut erschrocken ist und die Veröffentlichung ablehnt.

Bei Heide Simonis bestand diese Gefahr bei dem längsten Interview, das sie je gegeben hat, nicht einen Augenblick. Am Original wurde zwar kräftig gefeilt und gehobelt, doch bei der Endabnahme stand sie mit kaum nennenswerten Abstrichen zu dem, was sie zu Protokoll gegeben hatte.

Mühelos hätte das vorliegende Buch auf den doppelten Umfang ausgedehnt werden können, doch es war das Ziel, zwar möglichst alle Stationen eines wechselhaften Lebens anzusprechen, aber gleichzeitig die Lebhaftigkeit eines Gesprächs in möglichst knappen Antworten zu dokumentieren.

Und nachdem sie ihr bewegtes Leben ausgebreitet hatte, öffnete Heide Simonis dann auch noch ihr Familienalbum sowie die Dokumentenmappe und rückte an Fotos heraus, was sie bisher verschlossen hatte. Nichts Skandalöses, sondern Familiäres: die Eltern, über die sie so offen berichtet hat, die Schwestern, zu denen sie ein ungewöhnlich herzliches Verhältnis hat, Ehemann Udo natürlich auch, der mehr Einfluss auf ihr Leben hat als allgemein vermutet wird.

Selbst wer Heide Simonis' Leben über Jahrzehnte verfolgt hat, muss eingestehen, dass er sie erst nach dem sehr freimütigen Viel-Stunden-Gespräch richtig kennen gelernt hat.

Kiel, im Sommer 2007   *E. M.*

Heide als Zweieinhalbjährige

Kapitel 1

Die ersten Schritte

Barfuß laufen, das verbindet man mit der Jugendzeit. Für Erwachsene geziemt es sich, außerhalb des eigenen Hauses nur noch am Strand oder überhaupt im Urlaub Schuhe und Strümpfe auszuziehen. Heide Simonis ist Jahrgang 1943, und als sie noch Kieler Regierungschefin war, empfing sie in ihrem Dienstzimmer nicht ganz so offiziellen Besuch auch schon einmal barfuß. Selbst „Bild" mokierte sich darüber nicht. Wahrscheinlich deshalb, weil es nicht aufgesetzt und nicht störend wirkte. Würde sich ihr Amtsnachfolger Peter Harry Carstensen diese bequeme Freizügigkeit erlauben, er müsste mit Fragen nach seinem Gesundheitszustand rechnen.

In ihrer Kieler Wohnung ist Heide Simonis die ideale Obermieterin, denn natürlich läuft sie barfuß. Das gibt ihr etwas Jugendliches, und wenn sie das Tablett mit dem Tee hereinträgt, wirkt sie grazil wie die afrikanischen Holzfiguren vor den großen Fenstern. Nichts ist unpassender als die *Bild*-Balken von der „Hoppel-Heide".

Kein gemütlicher Plausch ist geplant. Der Gast erkennt das daran, dass er nicht in einen tiefen Sessel geladen wird, sondern an den Ess- und Arbeitstisch gleich neben den Laptop. Nach einem Blick in den Terminkalender legt die Gastgeberin den Zeitrahmen fest. Zweieinhalb Stunden, um 13 Uhr müsse sie abreisen. In dieser Zeit klingelt das Telefon fünfmal, auch auf zwei Leitungen gleichzeitig. Dazwischen schlägt eine Wanduhr kräftig wie Big Ben. Nein, darüber habe sich noch keine Mietpartei beschwert.

Es war zu entscheiden, ob man das auf fünf oder sechs Sitzungen geplante Gespräch mit einem harten oder einen weichen Thema beginnt. Ihr sei es egal, sagt die Gastgebern. Aber wer höflich klopft, wird erfahrungsgemäß freundlicher behandelt als derjenige, der mit der Tür ins Haus fällt. Und am Anfang eines Lebens steht nun einmal die Jugend, vielleicht gaben ja auch unbewusst die nackten Füße mit den rot lackierten Nägeln den Ausschlag.

Ihre Mutter tat kurz vor Kriegsende etwas ziemlich Verrücktes. Während Hunderttausende aus dem Osten vor der anrückenden Roten Armee nach Westen flüchteten, zog sie mit Ihnen an der Hand zunächst in die entgegengesetzte Richtung nach Königsberg. Dort glaubte sie sich bei Verwandtschaft in Sicherheit. War Ihre Mutter realitätsfremd?

Ich vermute, dass es etwas anderes war. Sie hätte natürlich in Bonn bleiben können bei ihren Eltern und ihren Brüdern. In Königsberg aber lebten die Verwandten ihres Mannes, an dessen Seite sie wenigstens moralisch stehen wollte. Mit der beschwerlichen Reise nach Königsberg wollte sie außerdem unter Beweis stellen, dass sie eine tapfere Offiziersfrau war, die auch noch an den Endsieg glaubte.

Sie haben, teilweise noch im Kinderwagen, diese doppelte Flucht mitgemacht. Erinnern Sie noch etwas?

So gut wie nichts. Ich weiß nur, dass in Schlesien meine Schwester Dodo geboren wurde und dass wir bei der Flucht zurück nach Westen eine Zeit lang in Österreich lebten. Ich habe aber nie erfahren, wieso wir gerade dort gelandet waren.

Sie haben somit schon als Kind während der Flucht geübt, was Sie später in der Politik noch sooft getan haben. Sie sind gegen den Strom geschwommen.

Ein Psychologe könnte das vielleicht so deuten.

Ihren Vater bezeichnen Sie als sanften, sensiblen Mann mit wenig Eigeninitiative. Für einen Kampfflieger, der er im Krieg war, sind das wirklich ungewöhnliche Charaktereigenschaften. Wäre es nicht zum Krieg gekommen, er hätte wahrscheinlich mit Erfolg das Herrenausstatter-Geschäft seines Vaters übernommen.

**Die strenge Mutter
Sophia Steinhardt**

Das glaube ich eher nicht. Er hätte wahrscheinlich sein vor dem Krieg begonnenes Jura-Studium beendet und wäre wie sein Bruder Richter geworden. Stattdessen geht er mehr oder weniger freiwillig zur Luftwaffe, macht dort sogar durch so genannte Heldentaten von sich reden, was mich, ehrlich gesagt, immer gewundert hat. Dann ist der Krieg zu Ende, und von dem eben noch gefeierten Offizier ist über Nacht nur noch ein abgebrochener Student übrig. Mit drei Kindern und einer unzufriedenen, verängstigten Frau. Man kann sich leicht vorstellen, wie schlecht die Stimmung im Hause war. Wir lebten sehr beengt, und fast alles, was mein Vater anpackte, ging schief.
Er betätigte sich zunächst als Handelsvertreter für Textilwaren und war für diese Tätigkeit herzlich ungeeignet. Er war immer

nett zu seinen Kunden, aber ihm fehlte, wie man heute sagen würde, das Dynamische. Wenn jemand sagte, er brauche jetzt nichts, dann sah er das sofort ein und verabschiedete sich möglichst schnell, anstatt seine Ware noch einmal anzupreisen.

Zwei Jahre lang ist das so gegangen, mehr schlecht als recht. Dann hat meine Mutter resolut die Initiative ergriffen und gesagt: „So geht das nicht weiter".

Und wie ging es dann weiter?

Meine Mutter bestimmte, dass mein Vater das abgebrochene Studium wieder aufnahm. Sie meldete ihn an der Universität Bonn an, sprach mit den Professoren, sorgte dafür, dass die vor Kriegsausbruch absolvierten Semester anerkannt wurden. Später drängte sie ihn, auch noch in Volkswirtschaftslehre zu promovieren. Mein Vater hätte das alles nie auf die Reihe gebracht. Und damit während der Studienzeit Geld ins Haus kam, ging meine Mutter arbeiten. Sie war sehr tüchtig und eine Zeit lang als Sekretärin in Konrad Adenauers Büro beschäftigt, erhielt sogar ein Angebot, bei Theodor Heuss zu arbeiten. Aber jemand musste sich ja um die Kinder kümmern, und da hat sie schweren Herzens und tief frustriert ihre Berufstätigkeit aufgegeben.

Ihr Vater war Offizier, war er auch Parteimitglied?

Nein, war er nicht. Politisch würde ich ihn als Deutschnationalen bezeichnen. Was die Nazis trieben, das war ihm nicht geheuer. Der Name Steinhardt und Hinweise aus der Familie lassen außerdem vermuten, dass es einen jüdischen Hintergrund gibt. Ich glaube daher, dass mein Vater ganz bewusst zur Fliegerei gegangen ist. Übrigens schon vor Ausbruch des Krieges. Bei der Luftwaffe fühlte er sich paradoxerweise am sichersten. Es war für ihn eine Art Versteck.

Meine Mutter war für das braune Gedankengut viel empfänglicher als mein Vater.

War sie Parteimitglied?

Nein, auch nicht. Sie war aber dem Bund deutscher Mädchen (BdM) beigetreten. Ihr gefiel, wie die Partei um sie und andere junge Menschen warb. Mit kleinen Reisen im Paddelboot, mit Kanufahrten auf dem Rhein.
Meine Mutter kam aus so genannten kleinen Verhältnissen, aus einer Handwerkerfamilie, war das jüngste von dreizehn Kindern. Und in dieser Bevölkerungsschicht fand die NS-Ideologie bekanntlich einen besonders guten Nährboden.

War die NS-Zeit ein Thema in Ihrer Familie?

Der milde Vater
Dr. Horst Steinhardt

Bedingt und meistens mit Streit verbunden. Mein Vater wollte über das Thema nicht diskutieren. Er hatte im Krieg wahrscheinlich zu viel erlebt, um noch einmal darüber sprechen zu wollen. Meine Mutter dagegen konnte sich ereifern. Sie hat lange darunter gelitten, dass Deutschland den Krieg verloren hat, und dass die Ostgebiete abgetreten werden mussten. Das empfand sie als ungerecht. Kam dieses Thema zur Sprache, entstand zwar keine eigentliche Diskussion, aber meine Mutter verteilte Seitenhiebe.

**Familie Steinhardt mit der „großen" Heide
am Bonner Rheinufer**

An die Italiener, an diesen und an jenen, der Deutschland verraten und im Stich gelassen habe. Alles mehr gefühlsmäßig als rational und logisch.

Wie so oft, wenn die Eltern konservativ sind, gehen die Kinder politisch den entgegengesetzten Weg.

Bei uns war es so. Meine jüngste Schwester Barbara und ich landeten bei der SPD, Dodo bildete den linken Flügelrand, schloss sich später den Grünen an. Während ich die politisch so dramatischen Jahre 1967 bis 69 in Sambia und 1970 bis 1972 in Japan verbrachte, mischte meine linke Schwester an der Heimatfront kräftig mit. Ich glaube, sie hat in Kiel sämtliche K-Gruppen mitgegründet. Meine Mutter bekam geradezu hysterische Anfälle, wenn sie in Kiel auf dem Balkon unserer damaligen Wohnung in der Beseler Allee stand und unten auf der Straße ein Demonstrantenzug vorbeizog, in dem ihre Tochter Dodo die rote Fahne schwenkte und Ho-Ho-Ho-Tschi-Minh skandierte.

Von wem haben Sie charaktermäßig am meisten geerbt. Vom Vater oder von der Mutter?

Von meiner Mutter habe ich zweifellos den Willen mitbekommen, sich jeder neuen Lage zu stellen und sich durchzusetzen. In dieser Hinsicht war sie ein Phänomen. Wenn es darauf ankam, auf dem Schwarzmarkt etwas zu besorgen, dann machte sie es und zwar mit großem Erfolg. Gab der Markt nicht genug her, dann fuhr sie zu den Bauern aufs Land und kam mit Eiern, Speck und Butter zurück. Sie war eben durchsetzungsfähig, und wenn es nötig war, konnte sie auch frech sein.
Sie war außerdem sehr kontaktfreudig. Wenn wir im Urlaub auf dem Campingplatz unser Zelt aufgebaut hatten, wusste sie fünf Minuten später, wo man in der näheren Umgebung am besten einkaufen kann und warum die Oma von den Zeltnachbarn in diesem Jahr nicht mitgekommen ist. Mir war dieses Verhalten zu direkt. Ich gehe zwar auch auf Leute zu, aber ich überfahre und überrolle sie nicht. So machte es auch mein Vater.

Den sie deutlich freundlicher schildern als die Mutter.

Das trifft zu. Meine Mutter und ich haben uns ständig gestritten. Ich war die Älteste, und mir kreidete sie ihr Schicksal an: Dass sie zu Hause bleiben musste, obwohl sie viel lieber gearbeitet hätte.

Das hat sie furchtbar frustriert und immer wieder zu Zornesaus-
brüchen geführt, unter denen vor allem wir Kinder leiden mussten. Ich weiß, es klingt hart, aber sie hätte auf die Couch eines
Psychotherapeuten gehört.

Es heißt immer, die Zeit heile alle Wunden. Und normalerwei-
se rücken Kinder und Eltern im Alter näher zueinander, selbst
dann, wenn es in jüngeren Jahren Streit gab. Bei Ihnen hat man
den Eindruck, dass Sie Ihrer Mutter selbst Jahre nach ihrem Tod
nicht verzeihen können. Was mag der Grund sein? Sind Sie all-
gemein besonders nachtragend?

Ich bin nicht nachtragend, auch nicht bei meiner Mutter. Ihr Verhalten mir gegenüber, aber auch gegenüber meinen Schwestern,
kann ich durchaus verstehen. Sie war einfach frustriert, weil ihr
nicht möglich war zu tun, was sie gerne getan hätte, nämlich einem
Beruf nachzugehen. Sie und ihre Generation sind außerdem gleich
zweimal zu Opfern geworden. Zunächst nach dem Ersten Weltkrieg
mit der Wirtschaftskrise der 1920-er Jahre und danach mit dem to-
talen Zusammenbruch nach dem Zweiten Weltkrieg. Meine Mutter
hat unter diesen Folgen sehr gelitten.
Zum Schluss haben wir unseren Frieden geschlossen, allerdings ohne
wirkliche Aussprache. Wir haben das Paket einfach zugemacht und
in die Ecke gestellt. Sie war lange schwer krank und starb in einem
Pflegeheim.

Sie waren viele Jahre lang ein Heimkind. Warum?

In den Westerwald und nach Freudenstadt schickten mich meine
Eltern, weil ich Asthma hatte und das Klima im Bonner Kessel
nach Ansicht der Ärzte schädlich war.
Das Asthma, an dem auch meine Schwester Barbara litt, war
wahrscheinlich eine Folge unserer aggressiven Familiensituation.

Die Steinhardts in den 1960er Jahren im Kieler Schrevenpark

Psychologen behaupten, lange Aufenthalte in einem Kinderheim seien prägend für das ganze Leben.

Mag sein, bei mir jedenfalls nicht im negativen Sinn. Ich bin nicht vor Heimweh zerflossen. Im Gegenteil, ich habe mich ausgesprochen wohl gefühlt, obwohl die Erzieherinnen bestimmt nicht viel freundlicher mit mir umgegangen sind als meine Mutter. Aber seltsamerweise habe ich das nie als Angriff auf mich empfunden.

Wie lange haben Sie in Heimen gelebt?

Etwa vier Jahre. Ich wurde erst wieder zurück nach Bonn geholt, als der Besuch einer höheren Schule anstand. Im Westerwald, wo ich zuletzt war, gab es nur eine Dorfschule, von dort hätte ich nie die Aufnahmeprüfung für das Gymnasium geschafft. Mindestens die Mittlere Reife sollten wir haben, das verlangte unsere Mutter, und als Berufsziel empfahl sie die Inspektoren-Laufbahn. Ich als Inspektorin im Finanz- oder Arbeitsamt, was für ein Alptraum.

Sie wären doch bestimmt sehr schnell zur Oberinspektorin beför-
dert worden.

(Lacht) Vermutlich. Wenn ich schließlich doch das Abitur erreichte, dann verdanke ich das meinem Vater. Wenn sie es gerne
will, dann soll sie es machen, beschied er ungewohnt resolut.
Das erforderte durchaus Opfer, denn es musste Schulgeld bezahlt werden, und Lernmittelfreiheit gab es auch noch nicht. Immerhin hatte mein Vater inzwischen promoviert und erst beim
Arbeitsamt in Bonn und anschließend bei der Bundesanstalt für
Arbeit in Nürnberg eine Stelle bekommen, die seiner Ausbildung
entsprach. Da er tüchtig und zuverlässig war, stieg er allmählich
die Karriereleiter empor, war zuletzt Leitender Regierungsdirek-
tor.

Sie waren nicht nur ein Heimkind, sondern im Grunde genom-
men auch so etwas wie ein Zirkuskind, weil ihre Familie ständig
umzog und Sie viele Schulen kennen lernten. Bonn, Hamburg,
Freudenstadt im Schwarzwald, Flammersfeldt im Westerwald,
Nürnberg, Kiel, um einige Stationen zu nennen. Dieses ruhelose
Leben setzte sich fort, als Sie mit Ihrem Mann nach Japan und
Sambia gingen. Hat dieser ständige Wechsel Auswirkungen ge-
habt?

Natürlich. Ich erhielt von der jeweiligen Schule vor fast jeder
Versetzung einen „blauen Brief". Daraufhin gab es zu Hause
jedes Mal ein Riesengeschrei. Ich bekam Ausgehverbot, musste
nachbüffeln, machte aber schließlich in Nürnberg doch ein or-
dentliches Abitur.
Wenn ich so viele Probleme in der Schule hatte, dann lag das
in erster Linie an den unterschiedlichen Schulsystemen, die ich
durch unser ständiges Umziehen notgedrungen kennen lernte.
In Bayern wurde im September versetzt, im Rheinland und in

Hamburg zu Ostern. Entsprechend waren die Lehrpläne ausgerichtet. Einige Sachen lernte ich nie, andere gleich mehrfach. Da sind natürlich Bildungslücken geblieben, die ich bis heute merke und die mich stören.

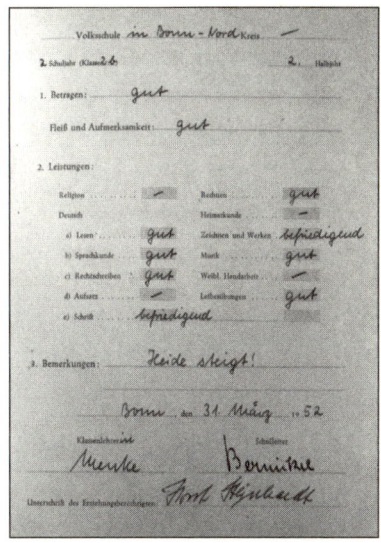

Nach dem Abitur wollten Sie in München Physik studieren, aber Ihre Mutter war dagegen. Sie mochten wieder nicht nein sagen. Wieso ausgerechnet Physik? Waren Sie in der Schulzeit von diesem Fach besonders begeistert oder war das vielleicht doch nur eine Laune des Augenblicks? In den Schuldienst wollten Sie ja auf gar keinen Fall.

Viel versprechendes Zeugnis aus der Grundschule

In Bayern konnte man zwischen einem naturwissenschaftlichen Realgymnasium wählen und einem Gymnasium, in dem auch Hauswirtschaftslehre unterrichtet und dessen Abschluss verächtlich als „Pudding-Abitur" bezeichnet wurde.
Dort wollte ich auf keinen Fall hin.
In den naturwissenschaftlichen Fächern hatte ich einigermaßen ordentliche Zensuren. Während meine Schwestern ausgesprochen sprachbegabt sind, liegen mir mehr die Zahlen, das Mathematische, das Nachprüfbare. Ich wollte zunächst Pharmazie studieren. Doch da gab es einen Numerus Clausus mit vielen Rechten für die Professoren. Wenn ein junger Mann kam, dessen Vater schon eine Apotheke besaß, dann hatte er fast automatisch

19

seinen Studienplatz. Mit meinem Notendurchschnitt und ohne Beziehungen brauchte ich gar nicht erst anzutreten. Dann also Physik, sagte ich mir, hatte aber die Rechnung ohne meine Mutter gemacht.

Und warum war sie dagegen?

Ganz einfach: Weil ich dann das Elternhaus in Nürnberg hätte verlassen müssen. Meine Mutter empfand es schlicht als unschicklich, dass eine junge, unverheiratete Frau irgendwo in der Fremde allein lebt. Was könnte da nicht alles passieren.

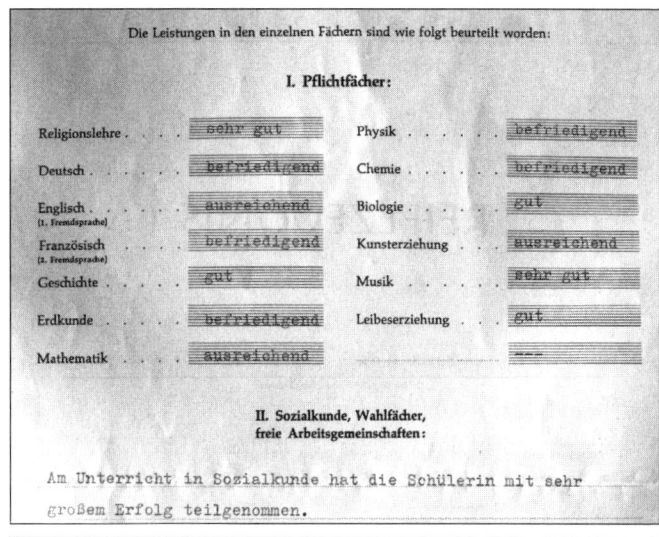

Das Abitur-Zeugnis mit „sehr gut" in Religion und Musik

Warum haben Sie nicht auf den Tisch geschlagen und gesagt: „Ich gehe doch!"?

Weil ich niemanden hatte, der mein Studium bezahlte. Als meine Schwester Dodo später zu Hause auszog, erhielt sie nicht einen einzigen Pfennig. Dieses Verhalten meiner Eltern fand ich schon sehr herb.

Fröhliche Abiturientinnen mit Heide Steinhardt (Mitte)

Man kann Sie sich heute allerdings schlecht im weißen Kittel vor Reagenzgläsern in einem Labor vorstellen.

Ich kann es auch nicht, und vielleicht sollte ich meiner Mutter nachträglich dankbar sein für ihr Nein. Sie hätte es am liebsten gesehen, wenn ich Lehrerin geworden wäre.
Als ich das nicht wollte, hieß es: „Mach doch, was dein Vater studiert hat", nämlich Volkswirtschaft. Also besuchte ich ohne Begeisterung in Nürnberg die Handelswissenschaftliche Hochschule. Dort hatte auch schon Ludwig Erhard studiert. Damals war ich unglücklich. Heute weiß ich, dass ich mit dem Fach Volkswirtschaft die richtige Wahl getroffen hatte. Manchmal muss man ja zu seinem Glück gedrängt werden.

Und warum wollten Sie auf keinen Fall Lehrerin werden?

Damals herrschte vor allen in den Volksschulen Lehrermangel. Daher wurde für diesen Beruf geworben und die Abiturientinnen wurden eingeladen, als Praktikanten acht Tage lang am Unterricht teilzunehmen. Ich kam in eine erste Klasse, und die Lehrerin sprach mit hochgeschraubter Stimme: „Liiiibe Kinder, was habt ihr denn am Sonntag gemacht?" Die Frau sprach so schrecklich auf die Klasse ein, dass ich geradezu geschockt war und mir sagte: Nein, das kannst du nicht das ganze Leben machen. Das ist nichts für dich.

Aber Sie hätten es doch anders, besser machen können.

Es war einfach nicht meine Welt. Sehr viel später habe ich sogar noch einen zweiten Versuch gemacht. An der Berufsschule in Neumünster habe ich als Volkswirtin unterrichtet. Genau 14 Tage lang habe ich ausgehalten und dann erneut festgestellt: Ich kann es einfach nicht, ich konnte nicht auf die speziellen Bedürfnisse von Schülern eingehen, und gerade das ist doch eine so wesentliche Aufgabe der Lehrer.

Ausgerechnet Ihre „linke" Schwester Dodo ist dann das geworden, was sich Ihre Mutter wünschte, nämlich Lehrerin.

Die war für diesen schwierigen Beruf einfach viel besser geeignet als ich.

Noch einmal zurück zu den Eltern. Ihre Mutter starb 1996 mit 82 Jahren und hat noch miterlebt, wie Sie erste deutsche Regierungschefin statt Inspektorin oder Lehrerin wurden. Wie hat sie das aufgenommen?

Das fand sie toll, und sie war auch etwas stolz, gab aber gleichzeitig unmissverständlich zu erkennen, dass ich ja leider in der falschen Partei gelandet sei.

Haben Sie beziehungsweise hat Ihre Partei bei Wahlen die Stimme Ihrer Mutter bekommen?

Das glaube ich nicht.

Und Ihr Vater?

Er starb schon 1989 und hat mich daher nur noch als schleswig-holsteinische Finanzministerin erlebt. Er war wirklich sehr stolz auf seine älteste Tochter und ging davon aus, dass seine Begabung für Zahlen bei mir gelandet sei. Er hat sich bei mir sehr genau darüber informiert, was man als Finanzministerin so alles machen müsse. Direkte Ratschläge hat er zwar nicht gegeben, aber an der Art seiner Fragen konnte ich erkennen, worüber ich mir seiner Ansicht nach in meinem doch so wichtigen Amt unbedingt Gedanken machen sollte.

„Leute, macht keinen Scheiß"

Als Sie 1972 in die Politik gingen, und das war die Kieler Ratsversammlung, da war es üblich, dass sich Frauen mit Frauenfragen beschäftigten. Bei Ihnen war das anders, Sie legten schon in Ihrer Kleidung wert darauf zu zeigen, dass Sie keine Feministin sein wollten. Kann man davon ausgehen, dass Sie sich gesagt haben, Karriere kann man in der Politik nur mit harten Arbeitsfeldern machen, also mit Finanzen und Wirtschaft?

Ich wollte etwas werden, ich wollte nach oben, und ich war davon überzeugt, dass ich es schaffen konnte. Daher hielt ich Ausschau nach dem richtigen Weg. Das Gejammer vieler Frauen, dass es so schwierig sei, sich in der Männerwelt durchzusetzen, konnte ich nicht nachvollziehen. Ich wollte auch nicht zu den Feministinnen in ihren indischen Wallekleidern gehören. Es war mir ein Gräuel, in lila und rosa Umhänge steigen zu müssen. Stattdessen trug ich Hosenanzüge und grenzte mich dadurch schon äußerlich von der Frauenbewegung ab.
Ich wollte auch in der Politik nicht zu den typischen Frauenfra-

gen abgeschoben werden. Mich reizten die Finanzen, die Wirtschaft, nicht Ernährung und Kindergartenplätze. Ich gebe zu, dass diese Haltung ziemlich arrogant war. Gott sei Dank haben sich im Laufe der Zeit meine Ansichten geändert.

Im Kieler Rathaus konnte ich das durchsetzen. Als ich in den Bundestag kam, landete ich dagegen zunächst prompt im Landwirtschaftsausschuss.

Gab es einen bestimmten Anlass, der zu Ihrem Entschluss führte: Jetzt gehe ich in die Politik.

Ja. Mein Mann, den ich während des Studiums an der Kieler Uni kennen gelernt hatte, wollte unbedingt, dass ich promoviere. Möglichst über ein Thema, das mit unseren Erfahrungen in Afrika und Japan zu tun hatte.

Das aber konnte einfach nicht gut gehen, denn Udo hat einen schrecklichen, dazu noch unheilbaren Fehler: Er muss grundsätzlich alles korrigieren – optimieren wie er das nennt, was ihm in schriftlicher Form in die Hände fällt. Zwar hat er fast immer Recht, gleichzeitig nervt er mich damit aber gewaltig. Es spielte sich damals also folgende Szene ab: Ich hatte etwas geschrieben, wir saßen uns am Tisch gegenüber. Er las meinen Text, korrigierte heftig, ich rief: „Lass das, gib mir sofort meine Papiere wieder." Er antwortete wie ein allwissender, gütiger Professor: „So geht das nicht. Du kannst das nicht alleine." Ich daraufhin: „Das kann ich sehr wohl." Und schon war der schönste Streit ausgebrochen. Da habe ich mir eines Tages gesagt: Es reicht, du machst jetzt etwas, wozu Udo bestimmt keine Lust hat und wo er dich daher in Ruhe lässt. Und so geschah es: Mein Mann blieb an seinem Schreibtisch, und ich ging in die Politik.

Es war eine sehr gute Entscheidung, und zwar für beide.

Ihre politische Karriere begann also mit einer Flucht vor Ihrem Mann.

Das junge Paar in Bordesholm 1983

Kann man so sagen. Diesmal allerdings, anders als während des Krieges mit meiner Mutter, eine Flucht in die richtige Richtung. Wie es ja so oft im Leben ist, funktionierte die Zusammenarbeit nach der beruflichen Trennung ganz vorzüglich. Wir haben dann sogar gemeinsam Bücher herausgebracht. Wenn ich auf Udos Verbesserungen so allergisch reagiert habe, könnte es auch damit zusammenhängen, dass er mich schon während des Studiums korrigieren musste.

Er war damals Assistent bei Reimut Jochimsen, dem Star-Professor der Kieler Universität und späteren nordrhein-westfälischen Wirtschaftsminister, und ich war seine Schülerin.

Vielleicht waren Sie aber nicht nur vor Ihrem korrigierwütigen Mann, sondern auch vor Ihrem konservativen Elternhaus geflüchtet.

An dieser Deutung könnte etwas dran sein. Geflüchtet bin ich wohl gar nicht so sehr wegen der konservativen Grundhaltung der Eltern, sondern weil ich nicht länger bevormundet werden wollte. Das konnte ich auf den Tod nicht ausstehen. Wenn es in unserer Ehe wirklich heftige Auseinandersetzungen gab, dann spielte immer Bevormundung eine Rolle. „Ziehst du schon wieder etwas Schwarzes an?" Da kann ich in die Luft gehen.

Die Kieler Ratsherrin 1973

Stand sofort fest, dass Sie in die SPD eintreten?

Zunächst habe ich geschwankt. Ich kam aus Afrika zurück und wollte wissen, welche Partei sich besonders intensiv mit Entwicklungshilfepolitik beschäftigt. Die CDU konnte ich gleich vergessen. Dort machte man damals so gut wie nichts. Bei der FDP und der SPD dagegen gab es wenigstens Ansätze. Ich habe zunächst mit der FDP geliebäugelt. Es war damals ja durchaus eine liberale Partei, die versuchte, zwischen der Arbeiterbewegung und dem bürgerlichen Lager Brücken zu schlagen. Im Vergleich zu der konservativen Ecke, aus der ich kam, wäre die FDP ja auch schon ein mächtiger Fortschritt ge-

Als Hostess für Triumph-Miederwaren 1971 in Japan

wesen. Heute weiß ich natürlich, dass es für mich die völlig falsche Partei gewesen wäre. Das Ende der Großen Koalition 1969 und die anschließende Bildung der SPD/FDP-Regierung unter der Führung von Willy Brandt hat mir meine Entscheidung zugunsten der SPD erleichtert.

War es nur das Thema Entwicklungspolitik oder war es auch eine besondere Person, die Sie in die SPD gezogen hat?

Natürlich Willy Brandt. Dazu aber auch meine schlechte Erfahrung mit der stark katholisch geprägten CDU im Rheinland und der CSU in Bayern.

Als Sie später in Kiel Verantwortung übernahmen, haben Sie sich jedoch als liberales Souvenir einen FDP-Mann mitgenommen, nämlich den Bundestagsabgeordneten Klaus Gärtner. Erst war er Ihr Staatssekretär im Finanzministerium, dann Chef Ihrer Staatskanzlei. Was haben eigentlich Ihre Parteifreunden zu dieser heimlichen Koalition gesagt?

Zunächst runzelten einige in der SPD die Stirn und fragten: Gibt es denn bei uns keinen geeigneten Mann? Ich habe ihnen gesagt: Ich brauche jemanden, der sich mit Finanzen auskennt, der loyal ist und der jeden Kampf aufnimmt. Gärtner ist ein Linksliberaler, und sowohl Engholm als auch der damalige SPD-Fraktionsvorsitzende Gerd Börnsen haben meine Entscheidung akzeptiert.

Was hielten Sie von Jochen Steffen? Als Sie sich der SPD anschlossen, war er ja noch das linke Aushängeschild der Partei.

Ich gehörte nie zu Steffens Bewunderern und habe ihn für mich nicht als Vordenker und Vorreiter empfunden. Ich war keine Verfechterin von scharf formulierten linken Zielen. Als ich nach Kiel kam, hatte ich auch ganz andere Sorgen, als mich mit Jochen Steffen und seinen Thesen zu befassen. Ich hatte große Schwierigkeiten, mich überhaupt zurechtzufinden, denn ich kam in eine für mich ziemlich fremde Welt. Es gab kein studentisches Leben, wie meine Schwestern und ich es gewohnt waren. Im gesellschaftlichen Leben spielte die Universität damals so gut wie keine Rolle. Die Stadt war geprägt durch die Werften, durch die Marine und den Segelsport, mit dem ich nicht viel anfangen konnte.

Später als Regierungschefin mussten Sie dann aber auch für das Segeln Begeisterung demonstrieren und durften sogar die Kieler Woche mit eröffnen.

Und einmal gab es dabei fast so etwas wie einen Eklat, als ich bei der Eröffnungsfeier auf dem Rathausplatz den guten Rat gab: Leute, macht keinen Scheiß.

Daraufhin wäre die Kieler Woche von der ganz feinen Gesellschaft der Stadt beinahe vor Empörung abgeschafft worden.

Dabei wollte ich doch nur sagen: Leute, trinkt nicht mehr Bier und Schnaps als ihr vertragt, und prügelt euch nicht.

Was können Frauen in der Politik besser als Männer?

Eine ganze Menge. Sie können besser auf solche Themen eingehen, die als „weich" gelten. Sie erkennen schneller als Männer
die Wertigkeit dieser Themen für die Gesellschaft. Etwa die Betreuung von Kindern deren Mütter arbeiten. Die derzeitige Diskussion um die Vorschläge der Ministerin von der Leyen ist der
beste Beweis. Ich halte es übrigens für falsch, dass Kinder- und
Jugendpolitik vorwiegend von Frauen betrieben wird, während
die Bereiche Wirtschaft, Finanzen und Verteidigung eine offenbar ewige Domäne der Männer sind. In den skandinavischen
Ländern ist das völlig anders. Da gibt es eine solche Rollenver-
teilung nicht.

Ist das alles, was Frauen besser können?

Natürlich nicht. Wie in manchen Betrieben, so können Frauen
auch in der Politik für ein besseres Klima sorgen. Ich will nicht
sagen immer, aber doch oft. Sie können außerdem besser als die
Männer überparteiliche Initiativen ergreifen. Ob bei der Versor-
gung mit Kindergärten oder beim Paragraphen 218. Da heißt es
dann schon mal: Der Vorschlag kommt zwar von der anderen
politischen Seite, aber er ist gut und daher stimmen wir zu. Männer sind da meistens viel sturer.

Und welche Nachteile haben Frauen in der Politik?

Sie sind leicht persönlich betroffen oder gar beleidigt, wenn etwas schief läuft. Dann geben sie auch schnell auf, ziehen sich
zurück und sagen: Ich habe es nicht nötig, mich so behandeln
zu lassen.

Daran scheitert dann auch der Aufstieg nach ganz oben?

So ist es. Frauen fehlt oft die richtige Strategie für den Aufstieg.

Wer nach oben will, der braucht Gruppen, die ihn stützen. Frauen tun sich schwer, Seilschaften zu bilden. Bei Seilschaften muss einer den Anführer geben und die anderen nachziehen. Unter Frauen will keine gerne den Boss spielen und keine will sich unterordnen. Männer dagegen haben dieses Verfahren schon als Neandertaler geübt.

Frauen tun sich außerdem schwer, Kompromisse zu schließen. Wenn sie jemanden nicht mögen, wollen sie mit ihm nichts zu tun haben. Männer dagegen sagen: Ich kann den Kerl zwar nicht ausstehen, aber ich brauche ihn, also ist er mein Verbündeter.

Und die Frauen haben ein weiteres Handicap. Ihnen fehlt oft der Mut, im entscheidenden Augenblick ihren Hut in den Ring zu werfen und für alle hörbar auszurufen: „Ich bin bereit, dieses Amt zu übernehmen". Stattdessen lassen sie sich von anderen vorschlagen.

Es gibt aber auch Ausnahmen. Man denke an die flotte Fürther Landrätin Pauli, die den mächtigen Stoiber ins Wanken gebracht hat.

Die ist zwar mutig gewesen und hat einen gewissen Erfolg gehabt, aber hat auch sehr viel falsch gemacht. Sie hat sich völlig verheddert, wollte unbedingt auffallen. Und dann diese Nummer mit den Latex-Handschuhen. Mit etwas mehr Erfahrung hätte sie viel mehr erreichen können.

Liegt es vorwiegend an den Frauen selbst, dass sie in den Spitzenpositionen von Wirtschaft, Politik und im Pressewesen zahlenmäßig noch immer schwach vertreten sind, oder werden von den männlichen Platzhaltern zu hohe Hindernisse aufgebaut?

Unser Alt-Kanzler Gerhard Schröder hat einmal auf eine ähnliche Frage geantwortet, es werde über dieses Thema viel zu viel „Gedöns" gemacht. Da haben sich viele einmal mehr auf die Schenkel geschlagen und ihm begeistert beigepflichtet. Es ist doch wohl eine Schande, wenn die leitenden Funktionen in der deutschen Wirtschaft nur zu fünf Prozent mit Frauen besetzt sind. Und in vielen Fällen sind es auch noch Betriebe, die sie von ihren Vätern geerbt haben. Im Bankenbereich ist das Verhältnis sogar noch schlechter. Dabei werden mittlerweile in vielen Bereichen qualifizierte Arbeitskräfte gebraucht. Und viele Frauen sind bestens ausgebildet.

Geben Frauen bei Wahlen ihre Stimme eher einer Frau oder einem Mann?

Generell neigen Frauen dazu, weibliche Kandidaten zu wählen. Allerdings nicht, wenn sie parteipolitisch sehr stark gebunden sind. Eine SPD-Frau stimmt nur aus Solidarität nicht für eine CDU-Frau – und umgekehrt. Aber Wechselwählerinnen wählen eher eine Frau als einen Mann, vorausgesetzt allerdings, die Kandidatin macht eine gute Figur.

Was mich betrifft, so weiß ich aus Wahluntersuchungen, wer mich gewählt hat und wer nicht. Ältere Rentner haben mich aus mir unerklärlichen Gründen auf keinen Fall gewählt. Ähnliches gilt für junge Männer, die am Anfang ihrer beruflichen Karriere standen. Junge Frauen dagegen, die sich noch in der Ausbildung befanden, haben eher für mich als für meinen männlichen Gegenkandidaten gestimmt.

Zumindest am Anfang Ihrer politischen Karriere müssen aber auch noch andere für Sie gestimmt haben, denn als Sie 1976 in den Bundestag einzogen, da gewannen Sie Ihr Direktmandat im ländlich strukturierten schleswig-holsteinischen Wahlkreis Rendsburg-Eckernförde gegen den prominenten Bauernführer Karl Eigen. Ihr Erfolg galt damals als riesige Überraschung.

Ich war selbst völlig erstaunt, dass es auf Anhieb geklappt hatte.

Ursache war wohl mein Bonus als kesse, unverbrauchte junge Frau. Mein unterlegener Gegner von der CDU behauptete übrigens, mein Sieg sei vor allem darauf zurückzuführen, dass ich im Wahlkampf mit einer ziemlich durchsichtigen Bluse aufgetreten sei, was nicht stimmt. Natürlich hätte ich auch im Rollkragenpullover gewonnen.

Merkwürdig ist, dass Frauen in der Politik oft als Retter in der Not geholt werden. Nach dem Motto, jetzt ist alles verloren, es sei denn, wir finden eine Frau. Auf diese Weise ist Angela Merkel an die Spitze der CDU gerückt, und so sind auch Sie nach Engholms Sturz Regierungschefin geworden. Die Frau als politische Geheimwaffe. Ist das eigentlich ein Kompliment?

Manchmal sind vermeintliche Notlösungen ausgesprochen haltbar. Frau Merkel war ja nicht als Kanzlerin vorgesehen. Und auch in meinem Fall war es keineswegs so, dass mir alle Parteifreunde eine lange Regierungszeit wünschten. Es hieß vielmehr, wichtig sei zunächst eine schnelle Lösung des Personalproblems. Es war ein Wechsel mit fliegenden Fahnen, den man glaubte, notfalls schnell wieder rückgängig machen zu können. Damals hat bestimmt keiner auf der Rechnung gehabt, dass ich zwölf Jahre im Amt bleiben würde.

Also doch Retter in der Not?

Kann man so sehen. Mit der Einschränkung: Eine Frau wird zuweilen dann etwas, wenn ein Mann aus der Kurve getragen wird. Sie muss jedoch in der richtigen Kurve stehen.

Es gibt allerdings auch reichlich Beispiele dafür, dass eine Frau geradezu raketenhaft nach oben katapultiert wird, weil in einer bestimmten Situation eine möglichst attraktive evangelische Frau mit dem richtigen Parteibuch gesucht wird.

Bonner Arbeitsgemeinschaft „Nordpool" mit den Bundestagskollegen Horst Jungmann (links) und Norbert Gansel

Oder mit einem katholischen Taufschein. Ich kenne solche wunderbaren Karrieren auch. Es bleibt aber die Ausnahme, dass Männer in der Politik sagen: Wir holen uns als Spitzenkandidatin jetzt einmal eine Frau. Die sagen höchstens: Wir haben keinen anderen, also nehmen wir mal die. In Hamburg ist bei der SPD ja auch gerade eine Frau als Herausforderin von Ole von Beust gescheitert.

Heißt das, Sie sind vom Hoffnungsträger Michael Naumann nicht begeistert?

In der gegenwärtigen Situation ist es das Beste, was der Hamburger SPD seit langem passieren konnte. Obwohl er es als Seiteneinsteiger in der Politik nicht leicht haben wird.

Wenn die Chemie nicht stimmt

Wir haben schon darüber gesprochen, warum so wenige Frauen in Führungspositionen aufsteigen. Könnte das zur Zeit sehr schlechte Image der Manager besser sein, wenn es mehr Managerinnen gäbe?

Davon bin ich überzeugt. Das Klima im Betrieb wäre wahrscheinlich ebenfalls besser, denn Führung muss heute teamorientiert sein. Und das können Frauen einfach besser als Männer.

Können Managerinnen auch ohne mit der Wimper zu zucken 10 000 Menschen entlassen, obwohl der Gewinn prächtig ist?

Das wiederum können Frauen schlechter als Männer, aber das spricht ja nicht gegen sie. Sie geben sich eben mit zehn Prozent Rendite zufrieden, statt der von männlichen Kollegen angestrebten 25 Prozent, und verzichten auf Massenentlassungen.

Und genau wegen dieser „weichen" Haltung erreichen sie wahrscheinlich nicht die Spitzenpositionen.

Genau das ist eben so bedauerlich.
Man muss doch mal fragen: Wer soll eigentlich die Waren kaufen, die mit hohem technologischem Aufwand produziert werden, wenn trotz der günstigen Wirtschaftsentwicklung noch immer fast vier Millionen Menschen ohne Arbeit sind? Wenn junge Leute ihr Berufsleben als Arbeitslose oder mit einem unbezahlten Praktikanten-Job beginnen.
Man muss in der Wirtschaft auf Effizienz achten. Wenn man das nicht tut, dann passiert das, was in der DDR passiert ist. Aber wirtschaftlicher Erfolg darf nie auf Entlassungsorgien gegründet sein.

Da ereifert sich jetzt die Volkswirtin.

Und der gesunde Menschenverstand. Nehmen Sie doch als ein Beispiel die Post. Sie schmeißt Leute raus, und der Service wird folgerichtig schlechter. Die Kunden sind sauer und wechseln zu privaten Anbietern, weil sie das Gefühl haben, dort ernst genommen zu werden. Soll das eine sinnvolle Entwicklung sein? Aber ich prophezeie: Eines Tages schwingt das Pendel der neoliberalen Heuschrecken-Philosophie wieder in die andere Richtung.

Macht Politik eine Frau hart, oder muss sie schon hart sein, wenn sie in die Politik geht?

Es wäre wünschenswert und ratsam, wenn man als Frau im politischen Leben eine gute Portion persönliche Härte mitbringt. Ein frommer Augenaufschlag und ein paar zerquetschte Tränchen reichen nicht aus, um Mitstreiter für ein politisches Ziel zu gewinnen.

Besonders wichtig ist, dass man nicht nur austeilen, sondern auch einstecken kann. Wenn man abends im Bett liegt und Nägel knibbelt, weil der Tag wieder so schrecklich gewesen ist, dann bringt das gar nichts. Man sieht am nächsten Morgen nur unausgeschlafen aus. Und wenn man sich beschwert, wie schlecht man behandelt worden ist, dann heißt es: Das ist aber gemein. Ändern tut sich jedoch gar nichts.

Man darf auch keine Angst vor einem ordentlichen Streit haben und sich möglichst nicht darum kümmern, wenn Leute sagen: Wie sieht die denn aus, was trägt die für einen scheußlichen Hut. Wenn man anfängt, sich über solche Dinge aufzuregen, dann kann man gleich im Bett bleiben. Einiges von diesen Einstellungen muss man beim Eintritt ins politische Leben mitbringen, vieles andere muss man im Laufe der Zeit lernen. Dazu gehört etwa das Reden vor einer großen Menschenmenge. Das ist mir

Unter Männern: Die Regierungschefs der Länder mit Staatsoberhaupt

zunächst mächtig schwer gefallen. Als ich in Kiel zum ersten Mal vor viertausend Werftarbeitern stand, da hatte ich richtige Magenkrämpfe.

In Amerika ist Hillary Clinton auf dem Weg ins Weiße Haus. Wann bekommt Deutschland eine Frau als Staatsoberhaupt oder gar als Verteidigungsministerin?

Ich hatte immer geglaubt, dass wir ein weibliches Staatsoberhaupt eher als eine Kanzlerin bekommen würden – und gute Kandidatinnen gab's ja auch. Das Staatsoberhaupt soll ausgleichend wirken, alle Gruppen repräsentieren, alle Bevölkerungsschichten ansprechen. Eine Frau könnte das alles schaffen, wahrscheinlich besser als ein Mann. Horst Köhler wirbt ja vor allem für wirtschaftliche Veränderungen. Und eine Verteidigungsministerin? Warum nicht. Die Deutschen haben Angela Merkel als Kanzlerin akzeptiert, da werden die Soldaten auch eine Ministerin akzeptieren, wenn sie ihre Sache gut macht.

Hätten Sie sich diese Aufgabe zugetraut?

Nein, weil mir Grundkenntnisse und Grundlagen der Verteidigungspolitik fehlen.

Wenn Sie an Ihre zwölf Jahre als Kieler Regierungschefin zurückdenken, gibt es eine Entscheidung, von der Sie sagen: Das war bitter und dramatisch, das möchte ich nicht noch einmal machen?

Ein Einzelfall fällt mir nicht ein. Es ist mir jedoch stets schwergefallen, jemanden zu entlassen. Diese Enttäuschung und den Schrecken bei den Betroffenen, das hat mich schon mitgenommen.

Unterhalb der Entlassungsschwelle konnten Sie mit Mitarbeitern aber durchaus Tacheles reden.

Gebe ich zu. Da ist es schon mal laut geworden, und es hat geknallt und gekracht. Aber immer hinter verschlossenen Türen. Und die Angegriffenen durften sich wehren, auch in gleicher Lautstärke. Niemand musste vor mir stramm stehen. Und ich habe mich immer bemüht, Mitarbeiter, die weder die Stellung, noch den Mut hatten, sich zur Wehr zu setzen, nachsichtig zu behandeln.

Wie muss man sich die Entlassung auf Kabinettsebene vorstellen? Schrieben Sie dem Betreffenden einen Brief, oder bestellten Sie ihn um 14.15 Uhr in Ihr Arbeitszimmer? Und gab es vorher oder nachher Streicheleinheiten?

Ich habe es nicht am Telefon und ich habe es nicht schriftlich gemacht, sondern von Angesicht zu Angesicht. Und streicheln ist

Mit Wirtschaftsminister Steinbrück und Unternehmern in Japan

in einer solchen Situation wirklich nicht angebracht. Wenn man in dem Gespräch auch nur einen halben Ton daneben liegt, fühlt sich das ohnehin sehr enttäuschte Opfer nicht getröstet, sondern zusätzlich gekränkt. Man kann nur nüchtern sagen: „Es tut mir leid, aber es geht einfach nicht anders".

Was waren die Hauptgründe für eine Trennung?

Es liegt meistens an der viel zitierten Chemie, weniger an mangelnder fachlicher Kompetenz. Manchmal funktionierte die Zusammenarbeit zwischen einem Kabinettsmitglied und der Fraktion nicht. Es gab aber auch Fälle, da wollte jemand Politik auf eigene Faust machen, nach dem Motto: Das ist nur eine Frau, der kann ich auf der Nase herum tanzen. Wenn ich diese Gefahr sah, war die Trennung unvermeidlich.

Es heißt, Widerspruch haben Sie durchaus geduldet, aber wer frech wurde, der hatte verloren. Stimmt das?

Richtig frech wurde keiner, jedenfalls nicht im Kabinett. In den dort geführten Diskussionen wurden selbstverständlich gegensätzliche Meinungen geäußert, und zwar manchmal so ausführlich, dass ich schon den Vorwurf hörte, nicht stramm genug geführt zu haben. Richtig wütend konnte ich allerdings werden, wenn wir im Kabinett eine Entscheidung getroffen hatten und dann Teilnehmer der Sitzung sagten: „Wollen doch mal sehen, wer der Stärkere ist" und versuchten, ihr eigenes Süppchen weiterzukochen – manchmal mit Hilfe der Presse.

Womit wir bei Ihrem ehemaligen Wirtschaftsminister Peer Steinbrück wären. Der hatte Ihnen in einem Gespräch mit Journalisten Politik nach kleinkariertem Pepita-Muster vorgeworfen. Danach konnte er nur noch die Flucht nach Nordrhein-Westfalen ergreifen. Ist er eigentlich ganz freiwillig gegangen, oder haben Sie nachgeholfen?

Der ist ganz freiwillig gegangen. Er hatte hohes Ansehen in der Wirtschaft, auch in allen Fraktionen. Ihn zu entlassen, nur weil er mir das mit dem Pepita vorgeworfen hatte, das wäre nicht in Ordnung gewesen. Ich gebe zu, geärgert habe ich mich schon über diesen Vorwurf, und hinter geschlossenen Türen habe ich auch ein paar Takte gesagt. Ich gestehe, dass ich eine gewisse Genugtuung empfunden habe, als Peer Steinbrück als NRW-Ministerpräsident selbst Pepita-Politik betreiben musste. Beispielsweise mit Entscheidungen, ob Kleingärten erhalten werden können oder beseitigt werden müssen.

Als Sie mit Ihrem ehemaligen Minister später auf Augenhöhe verkehrten, war da das alte Kieler Missverständnis völlig vergessen?

Ich bin nicht nachtragend, und Peer Steinbrück schon gar nicht. Dem geht das hier rein und da raus. Der ist hart im Nehmen und im Geben.

Ziemlich am Anfang Ihrer Karriere im Jahr 1988 haben Sie in einem Interview die Ansicht vertreten, je mehr Frauen damals in den Bundestag, genauer gesagt in den Haushaltsausschuss gekommen seien, desto herzlicher und lockerer sei das Klima geworden. Würden Sie am Ende Ihrer politischen Karriere auch noch behaupten, dass Frauen weniger intrigieren als Männer?

Auf Besuch bei NRW-Ministerpräsident Peer Steinbrück (2004)

Oh nein. Da war ich wohl noch zu blauäugig. Ich habe mittlerweile die Erfahrung gemacht, dass Frauen genauso kräftig intrigieren wie Männer. Vielleicht sogar noch subtiler. Bei den Männern kann man meistens nachvollziehen, wie die Fäden gelaufen sind. Die Frauen können diese Spuren besser verbergen.

Nach Ihrem Einzug in den Bundestag kamen Sie sehr schnell dorthin, wohin Sie wollten, nämlich in den so wichtigen Haushaltsausschuss. Da waren Sie zunächst die einzige Frau, also nicht der Hahn, sondern die Henne im Korb. Ging es immer um Politik und Zahlen, oder hieß es auch mal: „Na, Kleine, wie wäre es mit uns?"

In dem Ausschuss saßen lauter graue Eminenzen, die saßen seit Jahren da und kannten das ganze Geschäft auswendig. Mich nannten sie tatsächlich „die Kleine" –, und sie machten sich einen Spaß daraus, mir das Biertrinken beizubringen, und zwar noch nachts um zwei, wenn die Beratungen beendet waren. Viel anstrengender war aber, sich ihre Witze anzuhören. Als allmählich mehr Frauen in den Haushaltsausschuss einzogen, haben wir ihnen das parteiübergreifend abgewöhnt.

Mein Sitzplatz war zunächst neben der Tür, und ich hatte die Aufgabe, vor Abstimmungen die im Haus verstreuten Ausschussmitglieder aufzuspüren und in den Saal zu treiben, um bei einer Stimme SPD/FDP-Mehrheit alle Mann an Bord zu haben. War es soweit, trabte ich sogar zur Herrentoilette, riss die Tür auf, schloss die Augen und brüllte: „Abstimmung im Haushaltsausschuss".

Der Ritterschlag für jeden Bundestagsabgeordneten ist seine Jungfernrede im Plenum. Erinnern Sie sich noch an diesen ersten Auftritt?

Mit Schrecken. Ich sollte als Berichterstatterin für die im Haushalt vorgesehenen Ein- und Ausgaben des Kapitels „Jugend und Familie" auftreten. Also ein typisches Frauenthema.

Ich war erst spät am Abend an der Reihe, und man kann sich denken, wie leer der Saal und wie gering das Interesse des Publikums war. Selbstverständlich hatte ich mich gut vorbereitet und war mächtig aufgeregt. Ich hätte mein Manuskript wie die meisten anderen Redner ablesen können, aber ich wollte auffallen, indem ich möglichst frei sprach. Nur hin und wieder blickte ich auf die Vorlage. Und dann plötzlich verhedderte ich mich, fand die richtige Zeile nicht mehr. Da ohnehin kaum jemand zuhörte, fiel mein Blackout nicht weiter auf. Nur für mich war das eine Lehre fürs weitere politische Leben. Fortan benutzte ich nur noch Texte, die in großen, gut lesbaren Typen geschrieben waren. Oft auch nur Stichwörter, denn bei denen verliert man den Faden nicht so schnell.

Der Haushaltsausschuss war offenbar über die Parteigrenzen hinweg eine verschworene Gemeinschaft.

Es ging mal herzlich und mal rau zu. Wenn man nächtelang aufeinander hockt, dann kommt man sich nun einmal näher. Ich duze Theo Waigel heute ebenso wie Michael Glos. Wenn wir uns treffen, sagt der zur Begrüßung: „Na Heide, du alter Gangster".

Als Wirtschaftsminister wirkt der aber gar nicht mehr so locker. Ein hohes Amt verändert offensichtlich das Verhalten.

In seinem Fall in der Tat. Ich staune wirklich. Er ist ein begnadeter Strippenzieher, er ist clever und hat viel Humor. Als Minister sieht er wohl nur noch seine in schwarzes Flanell gekleideten Kollegen und erstarrt in Ehrfurcht. Er tut mir richtig Leid, und ich möchte ihm zurufen: „Lass diese neue Rolle fallen, sei wie du immer warst." Ich glaube übrigens auch nicht, dass er das Ministeramt angestrebt hat. Es ist ihm zugefallen. Er hat sich geopfert, damit Stoiber nicht in Berlin einsteigen musste, sondern in Bayern bleiben konnte.

Einmal hat er sich auch für Sie geopfert und verhindert, dass Sie vielleicht noch heute in einem arabischen Wüstengefängnis sitzen. Die Geschichte hat Glos in seiner Version auf Ihrem 60. Geburtstag erzählt. Wie lautet Ihre Fassung?

Wir waren als Delegation des Bundestages von Syrien nach Saudi-Arabien unterwegs. Der deutsche Botschafter in Damaskus schenkte uns eine Flasche Whiskey und jemand schlug vor: „Die nehmen wir dem Botschafter in Riad mit; dort ist Alkohol gefragt." Ich steckte die Flasche in meine große Handtasche. Da wir Diplomatenstatus hatten, wurden wir normalerweise nie kontrolliert. In Medina aber kannte man so etwas nicht. Dort war

Auf Staatsbesuch in Lettland

Religion alles, und wer Alkohol einführte, hatte nichts zu lachen. Kurz vor der Kontrolle wurde Glos zum Helden, er nahm mir die Flasche mit der Begründung ab: Alkohol ist hier schlimm, aber Frau und Alkohol, das ist ganz besonders schlimm.

Ein Angehöriger der Religionspolizei entdeckte prompt die Flasche und führte beide, Glos und den Whiskey, ab. Nach mehr als einer Stunde kam Glos zurück, natürlich ohne Whiskey. Die Geschichte ist nur deshalb glimpflich ausgegangen, weil der streng gläubige Religionswächter eine Zeitlang in Frankfurt gelebt und gute Erfahrungen mit den Deutschen gemacht hatte. Der Whiskey durfte dennoch nicht einreisen und landete in einem Ausguss. Sogar die Flasche musste auf der Stelle vernichtet werden.

Ja, ja, wenn einer eine Reise macht ... Wenn wir schon bei Reiseabenteuern sind, gibt es noch andere heitere oder dramatische Begebenheiten vom diplomatischen Parkett?

Ein Stück aus der Kategorie „peinlich". Meine erste Auslandsreise als Ministerpräsidentin führte nach Tallin. Offizieller Beginn des Besuchs war Montag. Wir reisten jedoch schon Sonntag an. Ich in Jeans, T-Shirt und Turnschuhen. Als sich die Tür unseres Flugzeugs öffnete, stockte mir der Atem. Nicht nur ein roter Teppich war ausgerollt, sondern auch eine Abordnung zackiger Soldaten hatte Aufstellung genommen. Zurück ging nicht, da musste ich durch. Eine mitreisende Journalistin reichte mir noch schnell ihren schwarzen Blazer, sodass ich wenigstens oben herum „staatsmännisch" aussah.

„Onkel Herbert" macht sich stark

Sie hätten auch auf Bundesebene gerne ein einflussreiches Amt übernommen. Es sah zunächst auch so aus, als sollten Sie schnell Karriere machen, denn sie waren erst ein Jahr im Bundestag, da empfahl Sie kein Geringerer als Herbert Wehner für den Fraktionsvorstand. Was allerdings nichts wurde, weil die Mehrheit der Fraktion Wehners Vorschlag mit deutlicher Mehrheit ablehnte.

Wehner mochte mich, weil ich mir auch von ihm nichts gefallen ließ. Wenn ihm etwas nicht passte, pflegte er herumzubrüllen. Das versuchte er auch mit mir. Einmal stand ich in der Fraktion am Mikrofon und er rief dazwischen.
Wie bei meiner Mutter, dachte ich mir, die wurde auch immer laut, wenn sie etwas durchsetzen wollte. Daraufhin antwortete ich ihm kühl: Herbert, wer hat hier eigentlich das Wort, du oder ich? Das hat ihm imponiert, und er verbreitete die Botschaft: Aus der wird noch mal was.

Auch wenn Sie bei „Onkel Herbert" gut angekommen sind, den SPD-Kanzlern waren Sie wohl zu kess, Helmut Schmidt bestimmt auch viel zu links.

Ja, Helmut Schmidt bevorzugte einen anderen Typ. Dem war ich in der Tat zu kess.

Dabei hätten Sie sich durchaus verstehen müssen, denn schließlich hatte er auch den Beinamen „Schmidt Schnauze".

Wenn wir uns trafen, war er immer sehr liebenswürdig zu mir. Ich habe ihn gegenüber anderen aber auch ganz anders erlebt.

Hat er Sie mal in sein Ferienhaus am schleswig-holsteinischen Brahmsee eingeladen? Das war ja schließlich Ihr Wahlkreis.

Ja, viel später, als ich schon Ministerpräsidentin war. Da hat er mir erst auf seinem elektronischen Klavier vorgespielt. Dann sind wir mit Loki durch den Garten gegangen, und Helmut Schmidt hat alle Blumen beim Namen genannt, um zu beweisen, dass er sich auch in der Botanik auskennt.
Wenn seine Frau dabei ist, kommt man mit ihm besonders gut aus, denn Loki ist wirklich ein Schatz. Bei Gesprächen passt sie stets auf, dass ihr Mann nicht zu sehr nachbohrt, dann greift sie mit der Bemerkung ein: „Nun lass mal gut sein". Und das Erstaunliche ist, dass er auf sie hört. Ich erinnere mich, dass wir uns einmal ausführlich über das Thema Friedenspolitik unterhalten haben und dass er dabei drohend sagte: Wenn die SPD einem Kriegseinsatz der Bundeswehr zustimmen sollte, dann gibt es mächtigen Ärger mit mir.

Und Sie haben ihn im Jahr 1998 zum ersten Ehrenbürger Schleswig-Holsteins gemacht, obwohl er doch Hamburger ist.

Ehrenbürgerwürde für den treuen Schleswig-Holstein-Urlauber Helmut Schmidt (1998)

Weil er sich große Verdienste um das Schleswig-Holstein Musik Festival erworben hat. Außerdem lebt er im Sommer stets einige Wochen im Land.

Viel länger lebt Günter Grass in Schleswig-Holstein. Warum haben Sie den eigentlich nicht zum Ehrenbürger ernannt?

Vielleicht wird er es später. Jetzt hat er doch schon den Nobelpreis. Wir haben uns zunächst für seinen Kollegen Siegfried Lenz entschieden. Der hat mit seinen Büchern, man denke an die „Deutschstunde" und das „Heimatmuseum", Schleswig-Holstein in der ganzen Welt bekannt gemacht.

Zurück zur Ausgangsfrage: Warum hat Gerhard Schröder, der stets auf der Suche nach attraktiven Frauen war, Sie nicht in sein Kabinett geholt? Stimmte die Chemie nicht?

Wir sind nicht so schlecht miteinander ausgekommen, wie oft berichtet worden ist. Es wäre allerdings auch falsch zu behaupten, wir seien ein Pütt und ein Pann gewesen. Wie haben uns auf hohem Niveau Auseinandersetzungen geliefert. Über den Tisch hinweg. Er hat gebrüllt, und ich habe gleich laut zurückgekeift.

Aus welchem Anlass?

Zum Beispiel über Steuern. Ich hatte da ganz andere Vorstellungen als er. Wie sind sie alle in geschlossener Front über mich hergefallen, als ich vor der Bundestagswahl 2005 gefordert habe, die Mehrwertsteuer um ein Prozent zu erhöhen, um Gebühren und Beiträge in die Sozialversicherung senken zu können. Und was haben sie nachher gemacht? Sie haben die Mehrwertsteuer gleich um drei Prozent erhöht und die Einnahmen vorwiegend in den Haushalt gesteckt.

Sie haben Schröder auch einmal mit einem Kleinkind verglichen, das sich mit seinen Spielkameraden im Sandkasten streitet.

Das hat er mir ewig nachgetragen. Dabei liegt es lange zurück. Damals ging es zwischen Gerhard Schröder, Rudolf Scharping und Oskar Lafontaine darum, wer Parteivorsitzender und wer Kanzlerkandidat werden sollte. In diesem Streit haben sie mich wirklich an drei kleine Kinder erinnert, die sich in der Sandkiste gegenseitig die Eimerchen wegnehmen wollten.
Und genau so kindisch war es, dass der Parteivorsitzende Scharping später Schröder als wirtschaftspolitischen Sprecher der SPD abgesetzt hat.

Bleiben wir noch einen Augenblick bei Schröder. Halten Sie den russischen Präsidenten Putin auch für einen „lupenreinen Demokraten"?

Auf die Formulierung wäre ich nicht gekommen. Erst recht nicht, wenn man gesehen hat, wie im Wahlkampf Sicherheitskräfte die Opposition und ausländische Journalisten behandeln.

Etwas Verständnis muss man allerdings für Putins Schwierigkeiten haben, sein Land zusammenzuhalten. Die russische Seele ist verletzt, weil man nicht mehr mächtige Weltmacht ist. Putin muss aufpassen, dass ihm der Laden nicht auseinander fliegt, aber die Konsequenzen die er zieht, halte ich vielfach für falsch.

Schröders geschäftliche Aktivitäten nach seinem Ausscheiden aus dem Kanzleramt sind heftig kritisiert worden, vor allem seine Tätigkeit beim zwielichtigen russischen Gasversorger Gasprom. Können Sie diese Irritationen verstehen?

Es sorgt immer für Irritationen, wenn Politiker nach dem Ausscheiden aus einem hohen Amt irgendwo einen neuen Job aufnehmen. Sie sind als Macher an einen bestimmten Lebensrhythmus gewöhnt und können nicht plötzlich zu Hause sitzen und Blümchenkaffee schlürfen. Ob Schröder gut beraten war, sich ausgerechnet beim undurchsichtigen Energieriesen Gasprom zu verdingen, wage ich zu bezweifeln. Zumindest hätte er klar sagen sollen, was er da eigentlich macht und warum er es macht.

Was dagegen seine Memoiren betrifft und den angeblichen hohen Vorschuss, da kann ich nur sagen: Hut ab, er hat mit dem Verlag offenbar gut verhandelt.

Haben Sie das dicke Werk denn schon gelesen?

Nein.

Liegt es wenigstens auf Ihrem Nachtisch?

Ich habe mit Memoiren von Politikern meine Probleme. Ob sie Bismarck nehmen oder Adenauer, die Darstellungen sind im-

**Mit Schröder, Putin und Gottorfs Museumsdirektor
Herwig Guratzsch im Inneren des berühmten Gottorfer Globus**

mer sehr subjektiv. Keiner will Fehler gemacht haben, und keiner räumt ein, dass andere schlauer waren als der Verfasser. Und der Blickwinkel verzerrt sich noch stärker, wenn die Memoiren unmittelbar nach dem Ausscheiden aus dem Amt geschrieben werden. Besser, man wartet einige Jahre, dann sieht man vieles anders und vielleicht auch objektiver.

Werden Sie in einigen Jahren Ihre Memoiren schreiben?

Das glaube ich nicht. Einen Teil meiner Erfahrungen habe ich schon in dem Buch „Unter Männern" veröffentlicht. Ich lasse mich, wie jetzt, viel lieber befragen.

Bei den vielen Aufgaben, die der Ex-Kanzler übernimmt, geht es ihm sicherlich darum, nicht in das berühmte schwarze Loch nach dem Verlust von Amt und Würden zu fallen. Einiges deutet aber darauf hin, dass er nun endlich Geld verdienen will. Werden Spitzenpolitiker denn nicht ausreichend bezahlt?

Ja und Nein. Der Vorstandsvorsitzende der Deutschland-AG – Kanzlerin beziehungsweise Kanzler – wird relativ schlecht bezahlt. Kanzler oder Ministerpräsident verhungern aber auch nicht. Man wird überall freundlich eingeladen und mit schönen Autos zu Terminen gefahren. Und während man in Amt und

**Besuch von Bundespräsident Richard von Weizsäcker
1993 in Lübeck**

Würden ist, knüpft man Netzwerke, die man nach dem Ausscheiden aus dem Amt nutzen kann. Ich habe sie genutzt, um für das Kinderhilfswerk UNICEF aktiv sein zu können.

Gibt es dafür einen Zuschuss zur Pension oder ist die Tätigkeit völlig ehrenamtlich?

Völlig ehrenamtlich und zeitraubend zugleich.

Schröders Nebeneinnahmen sind damit deutlich höher als Ihre?

Ich will mich nicht in seine private finanzielle Situation einmischen. Bestimmt geht es ihm auch nicht in erster Linie ums Geld. Für ihn ist es viel wichtiger zu zeigen: Seht her Leute, ihr habt mich zu Unrecht abgewählt, ich kann noch etwas, ich kenne die Großen dieser Welt und bringe sie zu großen Themen zusammen.

Wenn es nicht gerade auffallende Brioni-Anzüge sind, wie sie Ex-Kanzler Schröder zur Schau trug, dann achtet das Publikum nicht so sehr darauf, wie sich männliche Politiker kleiden. Die Frauen dagegen werden modemäßig genau beobachtet. Bei Ihnen waren es die Hüte, bei Angela Merkel sind es die Hosenanzüge, die Aufmerksamkeit erregen. Wenn Sie die Bundeskanzlerin als Ausstatterin beraten müssten, würden Sie sagen: Gut so, oder gibt es da etwas zu verbessern?

Ich habe den Eindruck, die Kanzlerin hat in ihrer Kleidung und in ihrem Aussehen einen eigenen Stil gefunden. Vielleicht hat sie jemand gut beraten. Ich finde, sie sieht nach zwei Jahren als Kanzlerin sogar jünger aus als bei Dienstantritt. Sie trägt Hosenanzüge, die stehen ihr und die sind praktisch. Ein schwarzer Hosenanzug rettet eine vielbeschäftigte Politikerin von morgens um 8 bis abends um 22 Uhr.

Werbung mit den Damen vom Meldorfer Hutclub (2007)

Worauf sollten denn Politikerinnen bei ihrem „outfit" sonst noch achten?

Wenn sie nicht wollen, dass sich die Leute statt mit ihrer Politik mit ihrem Aussehen beschäftigen, wie im Fall der schon erwähnten Frau Pauli, dann müssen sie modemäßig Kompromisse schließen. Mit einem schwarzen Hosenanzug kann gar nichts schief gehen. Auf keinen Fall sollte man sich zu auffällig oder gar betont sexy anziehen.

Also: keine ausgeschnittenen Kleider, keine Rüschen, keine zu kurzen Röcke, keine zu langen Schlitze, keine zu kreischenden Farben, keine zu hohen Absätze, keine Stiefel, nicht zu viel Schminke. Mit anderen Worten: Die Kleidung sollte in Farbe und Schnitt stets dezent sein. Nach meinen Erfahrungen gilt diese ungeschriebene Kleiderordnung nicht nur für Politikerinnen, sondern auch für Frauen, die in höheren Etagen der Wirtschaft Karriere machen wollen.

Hat Angela Merkel ein Hut-Gesicht?

Ich habe sie schon einmal mit Hut gesehen. Es war ein kleiner Kapotthut, der stand ihr ausgesprochen gut und ist sehr nützlich bei Wind und Wetter.

Hätten Sie in Ihrer umfangreichen Kollektion etwas Passendes für die Kanzlerin?

In einer Fernberatung würde ich nie jemandem einen Hut empfehlen. Den muss man auf dem Kopf sehen.

Ist Ihre Vorliebe für Hüte eher eine PR-Aktion oder doch eine ernsthafte Leidenschaft?

Es ist tatsächlich so etwas wie eine modische Leidenschaft. Mitentscheidend sind aber auch sehr praktische Gründe. In Schleswig-Holstein bläst bekanntermaßen oft ein kräftiger Wind. Ohne Hut sehe ich dann aus, als hätte mich jemand rückwärts durch den Windkanal gezogen. Ein Hut, der bis an die Ohren reicht, sorgt dafür, dass die Haare nicht davonziehen.

Wie viele Hüte besitzen Sie?

Im Augenblick so um die zwanzig. Es waren schon mal mehr. Bei Versteigerungen für einen guten Zweck habe ich den einen oder anderen herausgerückt.

Beim Großen Zapfenstreich der Bundeswehr zum Abschied der
9. Division in Boostedt/Neumünster

Haben Sie die auf anderen Köpfen einmal wiedergesehen?

Ja. Jemand hat mir mal ein Foto geschickt. Außerdem tragen einige Frauen noch die roten Hüte, die ich im Landtagswahlkampf 2000 getragen und verschenkt habe.

Manchmal könnte ein Hut auch als Schutzhelm dienen. Es gibt eine berühmt gewordene Filmaufnahme, die zeigt, wie der amerikanische Präsident Bush von hinten an Angela Merkel herantritt und ihr liebevoll den Nacken massiert. Hätten Sie genau so reagiert wie die Kanzlerin, nämlich nur erschrocken gelächelt?

Wenn jemand kommt und sagt: „Mein Gott, Sie sehen aber verspannt aus, soll ich Sie massieren", dann ist man vorgewarnt und freut sich vielleicht sogar. Aber wenn jemand unangemeldet von hinten zugreift wie Bush es machte, dann ist es, als würde man wie ein junger Hund am Nacken gepackt, und man erschrickt natürlich, weil niemand – auch ein junger Hund nicht – gerne am Nackenfell gepackt wird.

Hätten Sie an Merkels Stelle dem Präsidenten eine gescheuert?

(Lacht) Dazu bin ich wie die Kanzlerin viel zu gut erzogen. Aber ich hätte eine Verbalattacke losgelassen, die nicht druckreif ist.

Finger weg?

Das ist ja noch druckreif. Ich wäre grober geworden.

Nach dem Anschlag des „Heckenschützen"

Kapitel 2

Schuss aus dem Hinterhalt

Normalerweise serviert Professor Udo Simonis die Getränke. Er tut es höflich und geschickt wie der erfahrene Butler in einem englischen Herrenhaus. Bei der zweiten „Sitzung" ist der emeritierte, aber nach wie vor wissenschaftlich sehr aktive Professor für Umweltpolitik aushäusig und die Gastgeberin brüht den Tee selber.

Das erste Treffen galt dem Thema Jugend und der Rolle von Frauen in der Politik. Dazu hat Heide Simonis sich schon häufig geäußert, mündlich wie schriftlich. Da kann sie auf einen Fundus zurückgreifen und routiniert antworten.

Aber wie würde sie bei der Behandlung des schrecklichsten Erlebnisses ihrer langen und oft genug turbulenten politischen Karriere reagieren, jenem rabenschwarzen 17. März des Jahres 2005, als ein Heckenschütze aus der eigenen Fraktion ihre schon sicher geglaubte Wiederwahl zur schleswig-holsteinischen Ministerpräsidentin verhinderte und damit die rot-grüne Koalition im Norden beendete?

Die Landtagswahl vom 20. Februar war für die Sozialdemokraten ungünstiger ausgefallen als allgemeine erwartet worden war. Mit ihrem Spitzenkandidaten Peter Harry Carstensen wurde die CDU stärkste Fraktion im Kieler Landtag. Doch selbst mit der FDP reicht es nicht für die Regierungsübernahme. SPD, Grüne und der SSW, die Partei der dänischen Minderheit, bringen es auf 35 Mandate. Würde Heide Simonis alle Stimmen auf sich vereinigen, wäre sie wieder Ministerpräsidentin. Doch zur allgemeinen Überraschung verweigert ihr einer aus dem Lager der Verbündeten die Zustimmung.

Gleich vier Mal steht es bei einer Enthaltung 34:34. Entnervt wirft Heide Simonis daraufhin das Handtuch. SPD und CDU einigen sich auf eine Große Koalition unter Leitung von Peter Harry Carstensen.

Wer war der Heckenschütze? Die Fahndung hat bisher kein Ergebnis gebracht. Heide Simonis hat ihren Verdacht, nennt aber auch bei ausgeschaltetem Aufnahmegerät keinen Namen. Für sie ist der Fall abgeschlossen, vergeben hat sie dem Verräter jedoch nicht.

Sie sagt es nicht, aber vielleicht arbeitet sie den Namen ihres Verdächtigen in die große rote Quilt-Decke ein, an der sie im Zimmer nebenan gerade arbeitet.

Für die schleswig-holsteinische Landtagswahl am 20. Februar 2005 hatten die Meinungsforscher einen klaren Erfolg der von Ihnen geführten rot-grünen Koalition vorausgesagt. Dann kam alles anders, und viele politische Beobachter sind der Ansicht, die CDU habe Punkte gesammelt, weil ihr Spitzenkandidat Peter Harry Carstensen Sie beim letzten gemeinsamen Fernsehauftritt durch seine Stimme und durch seine Körperfülle geradezu erdrückt hat.

Die Körpersprache in der Politik wird oft unterschätzt. Das habe ich in der Aufzeichnung des so genannten Duells mit meinem Kontrahenten erkannt. Carstensen rückt mir näher und ich weiche zurück. Da entsteht beim Zuschauer der Eindruck, der Herausforderer greift an, will etwas erreichen, und ich gehe in die Defensive.

Dieses Nachgeben ist normalerweise gar nicht meine Art, aber an diesem Tag war ich körperlich einfach nicht fit. Ich war erkältet, der Bundeskanzler hatte mich angesteckt. Ich war nicht bei Stimme und schlichtweg kaputt. Und das wirkt im Fernsehen schlimmer, als wenn man eine blöde Antwort gibt.

Das würde bedeuten: Bei der Auswahl der Spitzenkandidaten muss künftig auch berücksichtigt werden, dass der eigene Kandidat dem politischen Gegner nicht nur geistig, sondern auch körperlich gewachsen ist.

Beileid und Glückwunsch: Peter Harry Carstensen hat sich durchgesetzt

Man kann keine Gewichtsklassen wie beim Boxen einführen, aber aufgrund eigener Erfahrungen rate ich jedem Spitzenkandidaten, sich die Wirkung der Körpersprache auf einem Video anzusehen.

Wenn Sie den Wahlkampf 2005 noch einmal führen könnten, Sie würden ihn anders gestalten?

In einigen Punkten ja. Ich würde hinter verschlossenen Türen öffentliche Auftritte mit jemandem üben, der genau so groß und grob und aggressiv wie mein damaliger Gegenkandidat Carstensen ist. Eigentlich hätte ich auch gewarnt sein können, denn bei den vorangegangenen Landtagswahlen war mein Gegner Volker Rühe rein körperlich ein ähnlicher Typ wie Carstensen.
Falsch wäre nun allerdings die Deutung, wir hätten unser Wahlziel deshalb nicht erreicht, weil ich meinem Herausforderer körperlich unterlegen war. Die SPD verlor in jener Zeit bundesweit an Popularität und gleichzeitig machte die CDU Punkte.

Nun zum dunkelsten Teil Ihrer politischen Karriere, die Nicht-Wiederwahl. Wenn Sie jemand zum tausendsten Mal auf dieses

Thema anspricht, dann möchten Sie ihn doch bestimmt erst einmal würgen, oder?

Ach ja, am Anfang war das schlimm. Es wirkt schon, was man in den Medien hört und liest: Demütigung, bitterste Niederlage, Ende der Karriere. Da zieht man den Kopf ein. Und jedes Mal, wenn dann noch jemand fragte: „Wie fühlen Sie sich", da empfand ich dies wie einen zusätzlichen Messerstich. Inzwischen habe ich mich gefangen, sage mir, dass sich auch derjenige gedemütigt hat, der mir und der SPD eine solche Niederlage angetan hat. Der Betreffende ist feige, hat nicht den Mut zu sagen: ich stehe dazu.

Sind Sie am Morgen jenes verhängnisvollen 17. März 2005 mit dem Gefühl ins Kieler Parlament gegangen, es könnte auch schief gehen? Oder waren Sie sicher, dass Sie genügend Stimmen für Ihre Wiederwahl erhalten?

Ich war optimistisch. Ich habe gedacht, das war ein toller Wahlkampf, die Begeisterung war groß, und die heutige Abstimmung wird gut gehen. Und dann hat die SPD-Fraktion einen Fehler nach dem anderen gemacht.

Was für Fehler?

Zunächst einen harmlosen. Es gab am Anfang nicht einmal einen Zählappell, um festzustellen, ob alle Abgeordneten anwesend sind. So etwas muss bei knappen Wahlergebnissen unbedingt gemacht werden.
Danach hätte dann eine geheime Probeabstimmung stattfinden müssen. Ist auch nicht gemacht worden.
Als ich im ersten Wahlgang nicht die erforderliche Mehrheit erhielt, hätte man die Sitzung unterbrechen müssen, um über

das weitere Verfahren zu beraten. Es wurde nicht einmal nach dem zweiten Wahlgang unterbrochen, sondern erst viel zu spät – nach dem dritten. Nach dem zweiten Durchgang hätte man in der Fraktion eine Probeabstimmung machen müssen. Dabei hätte man sehen können, dass es nicht läuft und ich hätte gesagt: Wisst ihr was, macht euren Dreck alleine. Wir sind in diesen Tag hineingestolpert, wie wir abends hinausgestolpert sind. Für den Fall, dass etwas schief läuft, waren wir nicht vorbereitet. Es hat das nicht funktioniert, was man in der Computerwelt „Firewall" nennt – ich wurde in meiner Funktion nicht hinreichend geschützt.

Machen Sie sich Vorwürfe, dass Sie nach drei Niederlagen noch einmal angetreten sind?

Ja. Und es wäre für alle Beteiligten besser gewesen, wenn ich verzichtet hätte. Ich habe mich ein viertes Mal nur deshalb zur Verfügung gestellt, weil auch die Berliner so gedrängt haben.

Wer waren die Berliner?

Das waren Kanzler Schröder und der Parteivorsitzende Franz Müntefering. Die waren gerade im so genannten Job-Gipfel beisammen.

Und die haben mit Ihnen gesprochen?

Nein, nicht mit mir, mit unserem Fraktionsvorsitzenden und dem Landesvorsitzenden.

Und „die Berliner" haben geraten: unbedingt weitermachen?

Ja. Sie haben gesagt: „Seht mal zu, dass ihr die Sache glattputzt".

**Nach der Niederlage: Trost aus den eigenen Reihen
im Kieler Landtag**

Später hat Schröder ja eingeräumt, dass er nach meiner Niederlage gewusst hat: Jetzt geht es mit der SPD auch auf Bundesebene nicht mehr weiter. Und daraufhin habe er sich entschieden, in Berlin die Vertrauensfrage zu stellen.

Sehen Sie auch einen Zusammenhang zwischen dem Ende der rot-grünen Koalition in Schleswig-Holstein und dem Regierungswechsel in Berlin? In seinen Memoiren schreibt Schröder, Ihre Niederlage war „der krachende Absturz von Rot-Grün in den Umfragen". Das klingt doch sehr nach Schuldzuweisung.

Ja, das kann Schröder ganz gut. Ich würde eher überlegen, ob der Absturz von Rot-Grün auch mit einer Politik zu tun haben könnte, die von vielen Arbeitnehmern mit kleinen und kleinsten Einkommen als äußerst schmerzhaft empfunden wurde. Ich habe diese Politik zwar auch treu und brav mitgetragen, aber gleichzeitig stets versucht, mit entsprechenden Anträgen gegenzusteuern. Und nun habe ich das ganze Gefüge ins Wanken gebracht.

Das meinen Sie ironisch?

Mehr als ironisch. Es ist doch ziemlich unsinnig, zu glauben, eine einzige Person, nämlich ich, habe wie in einer Art Kettenreaktion bundesweit Rot-Grün kaputt gemacht.

Sie und die SPD in Schleswig-Holstein sind also nicht die Hauptschuldigen am Ende von Rot-Grün, aber vielleicht ein aus dem Bauwerk herausgezogener Stein?

Man muss sehen, was und wie es eigentlich abgelaufen ist. Wir hatten hier im Norden Wahlvorhersagen, die waren in Ordnung. Dann bescherte uns Berlin Hartz I bis IV. Dann kamen neue Arbeitslosenzahlen von fünf Millionen. Dann kam die so genannte Visa-Affäre. Das waren alles dicke Knaller. Die Leute hatten die Faxen von Rot-Grün einfach dicke, und zwar nicht wegen Heide Simonis.

Hat Schröder Ihnen nach dem Desaster jedenfalls Trost gespendet, etwa durch einen Anruf. Oder ist er auf Distanz geblieben, weil er fürchtete, sich anstecken zu können?

(Überlegt) Hat er angerufen? Nein, einen Brief hat er geschrieben und mir alles Gute gewünscht. Per Interview mit Sandra Maischberger hat er mir außerdem noch mitgeteilt, dass er an seinem Kabinettstisch keinen Platz für mich habe. Dabei hatte ich gar nicht danach gefragt. Für männliche Ministerpräsidenten, die verloren hatten, war übrigens durchaus Platz am Kabinettstisch. Das nur als Nachtrag zum Thema Chancen von Frauen in Spitzenpositionen.

Noch einmal zurück zu Ihrem politischen Schicksalstag. Hätte ein anderer Bewerber um das Ministerpräsidentenamt von der geplanten Koalition alle Stimmen erhalten?

Das kann ich wirklich nicht beantworten. Wahrscheinlich hätte es auch einen Mann getroffen. Es ist nämlich nicht hundertprozentig sicher, dass jemand mit mir persönlich ein Hühnchen rupfen wollte. Es könnte sein, dass es jemanden gab, dem die ganze Konstellation nicht passte, also die rot-grüne Koalition mit Duldung durch die beiden SSW-Abgeordneten. Drei Frauen hätten dann in Schleswig-Holstein die Spitzenpositionen gehabt. Neben mir die Fraktionsvorsitzende der Grünen, Anne Lütkes und die SSW-Vorsitzende, Anke Sporendonk. Zu berücksichtigen ist außerdem, dass der SSW in manchen Kreisen der SPD nicht besonders beliebt ist, weil die Partei der dänischen Minderheit in einigen Regionen in Konkurrenz zur SPD steht und Stimmen erhält, die sonst die sozialdemokratischen Kandidaten erhalten würden.

Träumen Sie noch von jenem dramatischen Tag?

Nein, Gott sei Dank nicht mehr. Es ist vorbei.

Aber anfangs haben Sie davon geträumt?

Ja. Da wurde ich morgens um fünf Uhr wach und dachte: War alles nur ein Traum. Und Sekunden später weiß man: Es ist die Realität.

Vermuten Sie, dass irgendwann einmal bekannt wird, wer Sie nicht gewählt, sondern sich der Stimme enthalten hat?

Das ist offen. Der Betreffende hat sich offensichtlich mit keinem anderen abgesprochen. Es gibt somit keinen Komplizen, der plaudern könnte. Die Frage ist allerdings, wie lange erträgt die betreffende Person den Gewissensdruck. Sie kann sich niemandem mitteilen, darf nicht einmal ein Glas Bier zuviel trinken, aus Furcht, eine unbedachte Bemerkung zu machen.

Es könnten sich sogar gesundheitliche Probleme ergeben, denn in der Narkose sollen Patienten manchmal die tollsten Geschichten preisgeben.

Ich werde mich in Ärztekreisen umhören.

Eine Überprüfung der Stimmzettel mit Hilfe einer DNA-Analyse könnte auch zum Täter führen. Es heißt, einer der Verdächtigen habe beim Landtagspräsidenten beantragt, den Stimmzettel mit der Enthaltung auf Fingerabdrücke zu untersuchen, um seine Unschuld nachzuweisen. Die Verwaltung soll dies mit der Begründung abgelehnt haben, dass durch eine solche Prüfung das Wahlgeheimnis verletzt werde.

Das könnte ein ganz geschickter Schachzug sein. Der Verdächtige kann sagen: Seht her, ich habe nichts zu verbergen. Natürlich wusste er, dass die Landtagsverwaltung die Stimmzettel nicht auf DNA-Spuren würde überprüfen lassen.

Warum schließen Sie völlig aus, dass nach dem Verräter nicht nur in den eigenen Reihen gesucht werden sollte, sondern auch bei den Grünen oder beim SSW?

Die Nützlichkeitsrechnung spricht gegen eine Suche bei den beiden kleinen potentiellen Partnern. Bei den Grünen gibt es eine Trennung von Amt und Mandat. Im geplanten Kabinett hätten sie zwei Ministerposten erhalten. Es wären dann zwei Listenkandidaten in die Fraktion nachgerückt. Die Partei wäre somit erheblich gestärkt worden. So etwas verspielt man nicht. Der SSW hätte in den langen Verhandlungen mit uns jederzeit sagen können: Wir machen nicht mit. Für ihr Vorhaben, Rot-Grün zu unterstützen, hat die Vorsitzende Sporendonk sogar Morddrohungen erhalten. Durch ein wahres Höllental sind die gegangen. Und dann soll jemand in der Wahlkabine sagen: Nein, ich habe mir das überlegt? Gegen eine solche Vermutung spricht einfach die Vernunft.

Folglich bleibt nur die 29-köpfige SPD-Fraktion, in der gesucht werden muss.

So ist es. Ich bleibe dabei, es ist eher einer von uns als von den anderen. Und es ist jemand, der auch wieder in den Landtag eingezogen wäre, wenn Carstensen als Ministerpräsident Neuwahlen beschlossen hätte. Die Chancen der CDU wären bestimmt recht gut gewesen.

Wir haben nun ausführlich über den Heckenschützen, Verräter oder wie immer wir den Abtrünnigen nennen wollen, gesprochen. Haben Sie einen Verdacht, wer es sein könnte?

Ja.

Ist es ein Mann oder eine Frau?

Es gibt Leute, die sagen, nur Weiber können so gemein sein, und andere behaupten, nur Männer können so hart und kalt sein. Ich persönlich habe immer gesagt: es ist ein Mann. Man müsste also sagen: Das Abgeordnete.

Wie sicher ist Ihr Verdacht? 90 Prozent?

Ich glaube schon. Leider habe ich keine Beweise, und es gilt vorsichtig zu sein. Denn bei allem heiligen Zorn, den ich verspüre, will ich natürlich niemanden an den Pranger stellen, der da nicht hingehört.

Haben Sie mit dem mutmaßlichen Täter nach der Tat schon wieder gesprochen, ihm vielleicht sogar die Hand gegeben?

Ja. Wenn Sie irgendwo hinkommen, und sie gehen zu jemandem, mit den Sie früher eng vertraut waren, plötzlich auf Distanz, dann fällt das natürlich auf. Die Leute sagen: Aha – und machen sich ihre Gedanken.

Der freundliche Handschlag also als Tarnung?

Muss man wohl so sagen, ja so ist es.

Ahnt der Täter, dass Sie ihn enttarnt haben?

Ja.

Woran erkennen Sie das?

Man sieht es am Verhalten, an der schon mehrfach erwähnten Körpersprache.

Welche Motive könnte der Mann gehabt haben, als er Ihnen und seiner eigenen Partei einen solchen politischen Schaden zufügte?

Es könnte jemand sein, den ich auf dem Weg durch die Zeiten getroffen, getreten, gekränkt habe. Und sein Verhalten versteht er als Wiedergutmachung für tief empfundenes Unrecht. Ihn interessierte nicht, was seine Partei beschlossen hatte – und was ihr durch ihn geschah. Er glaubte sich im Recht.

Und warum wohl hat er bei der geheimen Probeabstimmung in der Fraktion Ja gesagt, um dann Minuten später im Landtag erneut seine Zustimmung zu Ihrer Wiederwahl zu verweigern?

Das ist ja das Allergemeinste. Hätte er sich auch bei der Probeabstimmung der Stimme enthalten, wäre ich vorgewarnt gewesen – und mir wäre der vierte Wahlgang erspart geblieben. Wahrscheinlich wollte der „Parteifreund" seine Rache so richtig auskosten.

Mitsprache bei der Nachfolge

Einmal angenommen, Sie wären noch einmal zur Ministerpräsidentin gewählt worden: Wären Sie bis zum Ende der Legislaturperiode im Jahr 2010 im Amt geblieben?

Es war ja klar, dass ich 2010 nicht noch einmal antreten würde. Man muss einem Nachfolger Zeit geben, sich einzuarbeiten. Deshalb war ich entschlossen, in der Mitte der Amtsperiode, also im Sommer oder Herbst 2007, zurückzutreten.

Und Sie hätten einen Nachfolger oder eine Nachfolgerin empfohlen?

Ich hatte öffentlich nie einen Kronprinzen aufgebaut. Aber ich hatte mir natürlich meine Gedanken gemacht. Es musste jemand sein, der noch so jung ist, dass er unter Umständen beim ersten Antritt eine Niederlage verkraften kann, um daraus seine Erfahrungen zu ziehen und beim zweiten Mal siegreich zu sein. Wie man das geschickt machen kann, hat der derzeitige niedersächsische Ministerpräsident Christian Wulff bewiesen.

Wenn wir schon nicht erfahren, wer der Täter war, müssen wir nun aber als Ersatz wenigstens wissen, wer Ihnen nachfolgen sollte.

(Überlegt und zögert) Es gab ein, zwei Leute, von denen man hätte sagen können: Lasst uns mal überlegen, was der Vorteil des einen und der anderen ist.

Das klingt sehr diplomatisch, aber einen Namen habe ich nicht herausgehört. Vielleicht kann ich helfen. Sie haben an den derzeitigen schleswig-holsteinischen Innenminister und frisch gewählten SPD-Landesvorsitzenden Ralf Stegner gedacht. In Ihrem Kabinett war er damals Finanzminister.

Ja, an den habe ich sehr wohl gedacht.

Und an wen außerdem?

Ich hatte mir natürlich überlegt, ob wir nicht unser Markenzeichen beibehalten, dass heißt an einer Ministerpräsidentin festhalten sollten.

Und wer war diese Kandidatin?

Kulturministerin Ute Erdsiek-Rave.

In klaren Worten heißt das: Sie hätten den Gremien der Partei zwei Namen für Ihre Nachfolge vorgeschlagen, und sie wären mit jeder Lösung einverstanden gewesen.

So ist es.

Es gibt gerade in der Politik sehr wenige Frauen oder Männer, die, aus welchem Grund auch immer, ihr Amt verloren haben und die mit ihrem Nachfolger einverstanden sind. Was halten Sie

Mit Amtsnachfolger Carstensen

vom neuen schleswig-holsteinischen Ministerpräsidenten Peter Harry Carstensen?

Ich kenne ihn seit über 30 Jahren. Als ich 1976 in den Bundestag einzog, galten wir beide als die Youngster aus dem Norden. Am Wochenende flogen wir gemeinsam von Köln/Bonn nach Hamburg, dort trennten sich die Wege. Er reiste an die Westküste, ich nach Kiel. Seit der Zeit duzen wir uns, wie das damals unter jungen Leuten auch in der Politik üblich war. Ich habe ihn stets als ordentlichen Kumpel empfunden, auch wenn wir politisch ziemlich unterschiedlicher Meinung sind. Dass er an meiner Stelle Ministerpräsident geworden ist, kann ich ihm nicht übel nehmen. Er hat eben die Chance genutzt, die sich ihm bot.

Und wie er das Amt ausübt, finden Sie das auch in Ordnung?

Ich wundere mich, mit welcher Leichtigkeit des Seins er Schleswig-Holstein aus der Diskussion genommen hat. Das Land findet außerhalb seiner Grenzen kaum noch statt. Das bedaure ich sehr. Wir haben doch so viel erreicht, auf das wir stolz sein können. Es reicht einfach nicht, für Schleswig-Holstein nur mit seiner Schönheit und Bier zu werben.

Ist Ihr Nachfolger mit seinem Amt überfordert?

Darüber wird bei der nächsten Wahl entschieden. Ich behaupte, er wäre eher ein guter Landwirtschaftsminister in Berlin geworden.

Haben Sie schon einmal gedacht, dass über dem Amt des schleswig-holsteinischen Ministerpräsidenten so etwas wie ein Fluch liegen könnte? Die letzten drei Amtsinhaber sind auf unnatürliche Weise ausgeschieden. Barschel durch Tod, Engholm durch Rücktritt, Sie durch Nicht-Wiederwahl.

Denken Sie an einen Fluch, wie er über dem Grab des ägyptischen Pharaos Tut ench Amun liegen soll? Ich hoffe nicht. Vorsichtshalber sollte man Herrn Carstensen aber den Rat geben: Pass auf. Aber ernsthaft, man darf sich schon wundern, was in Schleswig-Holstein so alles möglich ist. Die drei Fälle sind durchaus ein Hinweis darauf, dass hierzulande mit besonders harten Bandagen gekämpft wird.

Sie haben während Ihrer langen politischen Dienstzeit neun SPD-Vorsitzende erlebt. Brandt, Vogel, Lafontaine, Scharping, Engholm, Schröder, Müntefering, Platzeck und Beck. Wen würden Sie mit auf die berühmte einsame Insel nehmen?

Am liebsten keinen. Nicht einmal Willy Brandt, weil der zu anstrengend war und weil die Gefahr bestünde, dass man sich nur über Politik unterhält.

Können wir uns eventuell auf das kleinste Übel einigen? Einer muss mit, um die Dosen zu öffnen.

Also, wenn es um das leibliche Wohl ginge, dann würde ich Beck mitnehmen, weil der etwas von Wein versteht. Eine Alternative wäre Engholm, weil der das Elend auf der Insel nicht nur mit Wein, sondern auch mit Kultur erträglich machen könnte. Und Platzeck könnte mir erklärten, wie die ehemalige DDR tickt.

In ihrer Eigenschaft als Männer würden Sie keinen mitnehmen?

Nein. Ganz bestimmt nicht. Die würden allerdings auch nicht mitkommen wollen.

Vielleicht weil sie Angst haben. Ihr früherer Kieler Regierungssprecher Gerhard Hildenbrandt hat in einem Interview berichtet, er habe sie in einer Situation erlebt, da habe er gedacht, jetzt schlägt sie zu. Und er hat sich schon überlegt, was er dann machen würde. Bestand wirklich manchmal die Gefahr, dass Sie handgreiflich hätten werden können? Und erinnern Sie sich auch noch an einen solch dramatischen Augenblick?

Ich erinnere mich an die von Hildenbrandt erwähnte Geschichte. Natürlich hätte ich nicht geschlagen, aber ich war kurz davor, über den Tisch zu steigen. Es gab zwei Fälle. Einmal war es ein Bittsteller, der unverschämt wurde, mehr möchte ich dazu nicht verraten. Der zweite Fall betraf einen Minister. Der hatte hinter meinem Rücken genau das Gegenteil von dem gemacht, was wir beschlossen hatten. Nach dem Motto: Huhuhu, was kümmert es mich. Da hätte ich wirklich zuschlagen können. Aber das darf man ja auch als Frau nicht und erst recht nicht in der Politik.

Schläge hat der Übeltäter nicht bekommen. Aber bestimmt saß er nicht mehr lange am Kabinettstisch?

(Lacht) Richtig geraten.

Diesmal bleibt der Name wohl wieder geheim?

Auch richtig vermutet.

Freud und Leid mit den Medien

Seitdem vor gut 30 Jahren Ihre politische Karriere begann, hat sich der Journalismus grundlegend verändert. Um die Aufmerksamkeit der Leser, Hörer und Zuschauer zu gewinnen, wird die Berichterstattung gnadenlos personalisiert, bei Politikern ebenso wie bei Prominenten aus allen anderen Lebensbereichen. Nach Ihrer Wahlniederlage mussten Sie sich besonders gehässige Überschriften gefallen lassen. Pattex-Heide war eine von vielen. Da muss man sich doch so fühlen wie jemand, der verletzt am Boden liegt und auf einen barmherzigen Samariter wartet. Stattdessen bekommt man von dem vermeintlichen Retter noch einen Fußtritt.

Der Vergleich ist zutreffend. Früher gab es in der so genannten Rheinischen Republik, also in Bonn, bestimmte ungeschriebene Spielregeln. Sie galten im Umgang mit den Medien untereinander, sie galten aber vor allem für das Verhalten zwischen Journalisten und Politikern. Gewisse Themen waren einfach tabu. Es wurde wenig über Privatangelegenheiten berichtet, und das ganz Private blieb völlig außen vor. Dies hatte den Vorteil, dass sich die Berichterstattung auf das Sachliche konzentrieren musste. Etwa seit der Wiedervereinigung hat sich in dieser Hinsicht ein mächtiger Wandel vollzogen. Es wird über alles berichtet, und nur noch sehr wenige Journalis-

Erfolgreich gegen „Bild"

ten haben Respekt vor dem Privatleben von Politikern und anderen Prominenten. Auch ich bin ein Opfer dieser unerfreulichen
Entwicklung geworden, obwohl ich wahrlich nicht pingelig bin.
Wer austeilt, muss auch einstecken. Aber was zuviel ist, das ist
zuviel, und deshalb habe ich mich gegen die Zeitung mit den
großen Buchstaben mit Klagen gewehrt. Ich habe Gegendarstel-
lungen erreicht und in einem Fall sogar Schmerzensgeld bekommen. Das habe ich an UNICEF überwiesen.

*Dafür können Sie, beziehungsweise UNICEF sich bei der streit-
baren Caroline von Monaco bedanken, die wiederholt erfolgreich
das Recht von Prominenten auf Beachtung der Privatsphäre ein-
geklagt hat.*

Gott sei Dank kann ich da nur sagen, denn bei aller Liebe, irgendwo muss doch wohl auch die Pressefreiheit ihre Grenzen
haben.

Man kann sich nicht alles gefallen lassen und schon gar nicht, wenn es falsch ist.

Gegen die Bezeichnung Pattex-Heide haben Sie aber nicht geklagt?

Nein, so etwas läuft natürlich unter Pressefreiheit. Gekränkt hat mich diese Formulierung aber schon. Weil sie völlig ungerecht war. Ich habe bereits in der Wahlnacht in einer kurzen Ansprache an die geknickten SPD-Mitglieder und -Anhänger erklärt, dass wir nun eine kraftvolle Opposition betreiben müssen. Ich hatte da schon akzeptiert, dass ich mein Amt abgeben musste. Später, als deutlich wurde, dass die FDP Stimmen verloren hatte, gab es dann allerdings noch einmal Hoffnung.
Man kann doch nicht sagen, jemand klebe an seinem Stuhl, weil er sein Ziel erreichen will. Als Angela Merkel Zugeständnisse machen musste, weil sie ihr Wahlziel nicht erreicht hatte, aber dennoch Kanzlerin werden wollte, da fanden das alle in Ordnung. Da hat auch keiner gesagt, was ist denn in die gefahren, die ist ja machthungrig.
Es stimmt schon, wer am Boden liegt, auf den lässt sich leicht nachtreten.

Vor allem mit Ihrem Ausspruch „Und was wird aus mir?" haben Sie Wasser auf die Mühlen Ihrer Kritiker geschüttet. Dadurch konnte natürlich der Eindruck entstehen, Sie seien die Hauptperson, und alles habe sich um Sie zu drehen.

Ich gebe zu, es war nicht sehr geschickt, diesen Satz zu sagen. Im Nachhinein ist man immer schlauer. Es war auch eher eine flapsige Bemerkung als eine ernsthafte Aussage. Daraus eine dramatische Geschichte zu machen, das kann ich aber wirklich nicht nachvollziehen.

RTL-Tanzshow für einen guten Zweck

Man muss auch die damaligen Begleitumstände berücksichtigen. Am Tag nach der Wahl war ich müde und völlig ausgelaugt. Ich hatte aber bei Beckmann zugesagt, bin also hingegangen, was ich vielleicht nicht hätte tun sollen. Wir haben über die verschiedenen Möglichkeiten einer Regierungsbildung gesprochen, und da hat Beckmann gesagt: Machen Sie doch einfach eine Große Koalition. Als stärkster Fraktion stand bei dieser Lösung der CDU der Ministerpräsidenten-Posten zu. Daraufhin habe ich prompt gefragt: „Und was wird aus mir?" Warum soll das so schlimm sein?

Ein zweites Mal sind Sie mit Häme überschüttet worden, als Sie sich bei RTL in einen Tanzwettbewerb wagten. Hoppel-Heide hieß es anschließend in Überschriften. Welcher Teufel hat Sie geritten, als Sie sich zu diesem Auftritt bereit erklärten?

(Lacht) Sie glauben nicht, wie viele Leute mir gesagt haben: Es war einfach toll, Ihre Kleider, wie Sie getanzt haben… Was mich geritten hat? Nicht zuletzt die Zusage von RTL, eine namhafte Spende für UNICEF zu geben. Und vereinbart war auch, dass ich bei jedem Auftritt UNICEF-Vorsitzende genannt werde.

Wie viel hat es denn gebracht?

Das darf ich nicht verraten. In einem Vertrag haben wir Verschwiegenheit vereinbart.

War es ein namhafter Betrag?

Ja.

Aber nicht mehr als bei Ihrem Auftritt in Günter Jauchs Sendung „Wer wird Millionär?"

Natürlich nicht. Bei Jauch habe ich richtig Knete gemacht. Eine halbe Million Euro.

Bei der letzten, der Millionenfrage haben Sie allerdings gekniffen. Worum ging es da?

Ich sollte unter Walnuss, Kokosnuss, Haselnuss und Paranuss die echte botanische Nuss herausfinden. Richtig war Haselnuss. Das wusste ich nicht. Daraufhin bin ich sicherheitshalber ausgestiegen. 500 000 Euro, das ist doch was, die wollte ich nicht aufs Spiel setzen.

Wohin sind die geflossen? Auch an UNICEF?

Damals war ich noch nicht Vorsitzende. Einen kleinen Teil haben sie dennoch erhalten. Das meiste floss in den Topf der RTL-Stiftung „Kinder in Not". Daraus werden die unterschiedlichsten Projekte finanziert. In Kiel beispielsweise gibt es ein Projekt, das traumatisierte Flüchtlingskinder und Frauen betreut.

Obwohl Sie für UNICEF Geld eingetanzt haben, würden Sie auch in diesem Fall aus der Rückschau sagen: Ich hätte es nicht machen sollen?

Ja. Dabei habe ich vor der Zusage mit einigen Vertrauten das Projekt sorgfältig geprüft. Wir haben uns DVDs von der BBC angesehen, die die Sendung entwickelt hat. Ich habe keinerlei Anhaltspunkte für mögliche Kritik gesehen. Umso überraschter war ich, was sich bei „Bild" daraus entwickelt hat.

War das ein Rachefeldzug der Zeitung, mit der Sie schon zuvor heftige und für Sie erfolgreiche rechtliche Auseinandersetzungen geführt hatten?

Könnte man meinen, kann ich aber natürlich nicht beweisen. Übrigens sendet auch das österreichische Fernsehen eine vergleichbare Tanzshow und wirbt damit, dass es den Teilnehmern nicht so ergehen wird, wie der Heide Simonis in Deutschland. Man sieht, andere Leute, und zwar neutrale, haben meine publizistische Behandlung auch als unmöglich empfunden.

Trotz allem: Es fällt Prominenten und Nicht-Prominenten offensichtlich schwer, auch einmal Nein zu sagen, wenn das Fernsehen ruft.

Ja, wenn es einem guten Zweck gilt, allemal.

Viele Politiker beklagen sich darüber, und ich denke zu Recht, dass in den Medien mit Vorliebe das Spektakuläre dargestellt wird und zwar auf Kosten der Sachinformation.
Andererseits lassen ebenso viele Politiker keine Gelegenheit aus, als Selbstdarsteller, um nicht zu sagen als Clown aufzutreten. Sie drücken grinsend auf Knöpfe, die etwas in Bewegung setzen sollen, klettern in neue Autos, streicheln prämierte Kühe, herzen Weinköniginnen. Und alles natürlich nur dann, wenn Kameras dabei sind. Macht man sich beim Volk dadurch wirklich beliebt?

Schon Adenauer hat sich beim Bocciaspielen ablichten lassen. Es war immer so, dass Politiker sich gerne dem Volk gezeigt haben. Und natürlich möchte man sich von seiner freundlichen und menschlichen Seite präsentieren und damit dokumentieren, dass man dazugehört.
Dieses Sich-Darstellen wird vom Wähler allerdings nur dann akzeptiert, wenn er davon überzeugt ist, diejenigen, die da vor den Kameras Knöpfe drücken und Schafe streicheln, machen im politischen Hauptberuf auch noch etwas Seriöses.

Manche Politiker konzentrieren ihre Tätigkeit allerdings ganz auf öffentliches Posieren.

Mag sein. Der Politiker befindet sich dabei jedoch in einem Dilemma. Stellt er sich den Kameras, bekommt er einen Tritt in den Hintern. Verweigert er sich, erhält er ihn auch. Presse und Fernsehen können ziemlich brutal sein.

Einige Politiker machen diesen PR-Rummel nicht mit und sind dennoch angesehen.

Ja, ich weiß. Es ist aber einfach nicht zu bestreiten, dass der Bekanntheitsgrad steigt, wenn man sich den Kameras und den Fragen der Journalisten stellt. Mich kennen in Schleswig-Holstein 99 Prozent der Menschen. Herr Carstensen hat das inzwischen auch schon fast erreicht. Solche Werte erhalten sie natürlich nicht dadurch, dass sie im Landtag eine tolle Rede abliefern.

Es heißt immer, Politiker und Journalisten seien in einer Art Hassliebe verbunden und aufeinander angewiesen. Das mag ja stimmen. Richtig ist aber auch, dass beide Berufsgruppen in der Öffentlichkeit ein ziemlich schlechtes Image haben mit weiter sinkender Tendenz. Worauf ist das zurückzuführen?

Das Publikum glaubt einfach nicht mehr alles, was ihm in den Medien geboten wird. In der Bildzeitung zum Beispiel. Ganz allgemein hat die so genannte Boulevardisierung, der Hang, das Privatleben von Prominenten in den Mittelpunkt der Berichterstattung zu rücken, dem Ansehen der Journalisten geschadet. Aus verschiedenen Gründen ist auch das Image der Politiker schlechter geworden. Etwa dadurch, dass zunehmend unpopuläre Entscheidungen gefällt werden müssen. Und fast immer zu Lasten des Normalbürgers.
Da beide Berufsgruppen in der Wertschätzung der Bevölkerung abgerutscht sind, wäre es vernünftig, wenn man gemeinsam überlegen würde, wie man wieder mehr Anerkennung finden

kann. Vielleicht klingt das etwas weltfremd, aber so wie bisher kann es doch wohl nicht weitergehen. Man tritt sich gegenseitig auf die Füße, freut sich diebisch, dass man dem anderen eine reingewürgt hat und wundert sich gleichzeitig: Oh, wir sind in der Werte-Skala schon wieder zwei Punkte abgerutscht.

Und wie genau kann man Punkte sammeln?

Indem beide Seiten akzeptieren, dass der eine den anderen braucht. Dass man Partner und nicht Feind ist. Eine ständige Umarmung muss das gar nicht bedeuten. Ich plädierte aber für mehr Fairness.

Haben Frauen in Spitzenämtern bei den Journalisten einen Bonus oder werden sie gar kritischer beobachtet als die Männer?

Ich habe den Eindruck, dass man sie kritischer behandelt. Es fängt doch damit an, dass ihr Äußeres stärker in den Vordergrund gehoben wird. Wie steht ihr das Kleid, der Hut oder der Hosenanzug? Sollte sie vielleicht ihren Friseur verklagen?

Bei Müntefering wird allerdings auch schon gerne einmal auf die Frisur hingewiesen und die Frage gestellt, ob er sich jeden Morgen mit der Axt kämmt. Und Schröder bemühte sogar die Gerichte, um den Vorwurf zu widerlegen, er gehe beim Haupthaar mit Farbe gegen das Grau des Alters vor.

Das sind Ausnahmen, die uns Frauen ein wenig Gerechtigkeit liefern.

Als Sie 57 Jahre alt waren, hieß es in den Medien, Sie seien amtsmüde. Das sollte offenbar die Botschaft sein: Heide Simonis ist als Ministerpräsidentin zu alt. Bei einem Mann hätte bestimmt niemand diesen Vorwurf gewagt.

Das ist genau der Punkt. Da haben es Frauen wirklich schwerer als Männer. Die fangen mit 61 Jahren manchmal erst richtig an, „Karriere" zu machen.

Auch in der Wirtschaft wird zunehmend darauf geachtet, eine gute Altersmischung und nicht nur junge Spunde zu haben. Als ich das mit dem „amtsmüde" hörte und auch noch der Vorwurf nachgeschoben wurde, ich habe keine Visionen, da hätte ich auf die Palme steigen können, so sauer war ich. Ich habe den Verdacht, dass mit solchen Meldungen an meinem Stuhl gesägt werden sollte. Hat aber nicht funktioniert.

Geärgert hat mich auch die Behauptung, wichtige Entscheidungen würde ich im Küchenkabinett fällen. Völliger Unsinn. Entschieden wurde im richtigen Kabinett. Natürlich hat jeder, der eine Führungsposition innehat, einen Kreis von Vertrauten, bei denen er sich Rat einholt. Ich weiß nicht, warum man mir das um die Ohren gehauen hat.

Wir haben schon darüber gesprochen, dass Sie wiederholt erfolgreich gegen Zeitungen geklagt haben. Hat sich bei den Urteilen im Laufe der Jahre etwas verändert?

Ein wenig schon und zwar im Sinn des Klagenden. Da sich einige Rechtsanwälte in Pressesachen mittlerweile recht gut auskennen, führt das zu Urteilen – zum Beispiel das „Caroline-Urteil" –, von denen hätte ich vor ein paar Jahren nicht geglaubt, dass man sie bekommen würde.

Nun ärgern Sie sich bestimmt nicht nur über die Medien, sondern nutzen sie auch. Sehen Sie gern fern?

Ja, natürlich mehr als früher.

Mehr öffentlich-rechtlich oder eher die Privaten?

Mehr ARD und ZDF. Wenn die anderen jedoch einen guten Film haben, dann ziehe ich zu denen.

Haben Sie Lieblingssendungen?

Ja. Tatort. Dabei kann ich mich vorzüglich entspannen. Shows mag ich überhaupt nicht. Informationssendungen, die picke ich mir bewusst heraus. Reiseberichte liebe ich sehr.

Haben Sie Lieblings-Komiker? Etwa Harald Schmidt?

Den schätze ich bedingt. Manchmal ist er wirklich gut, und manchmal denkt man: Wenn du weniger machen würdest, wärest du besser.

Kennen Sie Olli Dittrich alias Dittsche?

Nein.

Ist ein Fehler. Sollten Sie sich unbedingt ansehen. Was ist mit Stefan Raab?

Ist nicht mein Typ.

Thomas Gottschalk, „Wetten, dass…"?

Nee.

Sehen Sie auch gerne Sportsendungen?

Ja, Fußball und natürlich Handball. Mein Mann guckt Skispringen, findet er toll.

Und wie viele Zeitungen lesen Sie täglich?

Die „Kieler Nachrichten", dazu die „Süddeutsche Zeitung" und die „Frankfurter Rundschau". Den „Spiegel" habe ich abbestellt.

Mit Schwester Barbara in einer NDR-Talkshow

Warum das denn?

Ganz einfach weil ich meinen Ärger nicht auch noch selber bezahlen will.

Viele Politiker beklagen sich, dass Journalisten ihren Privatbereich öffentlich ausschlachten. Aber haben zumindest die Spitzenpolitiker nicht selber Schuld, weil sie die Journalisten viel zu dicht an sich heran lassen, etwa mit den in Mode geratenen Home-Storys, die auf Einladungen ins eigene traute Heim zurückgehen?

Ich habe auch Journalisten ins Haus gelassen. Wer das tut, darf sich nicht wundern, wenn die zum siebten Mal den Quilt sehen wollen, an dem ich gerade arbeite oder zum achten Mal die Kaffeekannen, die ich sammle.

Wenn man einen Journalisten zur Home-Story einlädt, dann tut man das nicht, um mit einem netten Menschen Kaffee oder Tee zu trinken, sondern das macht man, damit eine schöne Geschichte herauskommt, die den Wähler so begeistert, dass er genau weiß, wen er beim nächsten Mal wählt. Diese Form der Berichterstattung ist nun einmal ein Zeichen der Zeit. Sie gehört für beide Seiten zum Geschäft.

Und da es alle machen, sogar Angela Merkel, sollte auch keiner dem anderen vorwerfen, er nutze die Medien, um sich in der Öffentlichkeit wirksam darzustellen. Das sage ich auch an die Adresse meines verehrten Herrn Nachfolgers in Kiel. Der gute Peter Harry Carstensen hat sich darüber mokiert, dass ich bei RTL getanzt habe. Er hätte das nicht gemacht, hat er gesagt. Wer im Glashaus sitzt, sollte nicht mit Blumentöpfen werfen. Ich an seiner Stelle hätte beispielsweise nicht die Bildzeitung benutzt, um nach einer Partnerin fürs Leben zu suchen.

Ich bin nicht sicher, ob Politiker, die sich in den Medien besonders menschlich darstellen, dem Volk und damit dem Wähler sympathisch werden. Der ehemalige Verteidigungsminister Rudolf Scharping hat mit seinem Liebesspiel im Swimmingpool eher das Gegenteil bewirkt. Das Volk mag offenbar nicht zu viel Volkstümlichkeit seiner Politiker.

Ja, man muss schon aufpassen, dass man nicht übertreibt, nicht zu viel Privatleben preisgibt. Wenn über einen Politiker mehr Geschichten aus seinem Privatleben in der Zeitung stehen als über seine politische Sacharbeit, dann befindet er sich auf dem falschen Weg.

Hat Ihr Parteifreund Scharping durch die Swimmingpool-Geschichte seinen Job verloren? Oder war das nur der letzte Tropfen, der das Fass zum Überlaufen gebracht hat?

Nein, da kam wohl noch einiges mehr hinzu. Etwa die Geschichte, wie er günstig Socken und Anzüge erworben hat. Von jedem

Bambi-Verleihung mit Edmund Stoiber und Friedrich Nowottny

Minister macht sich die Öffentlichkeit ein bestimmtes Bild und hat eine bestimmte Erwartung. Vom Verteidigungsminister wird erwartet, dass er in jeder Situation kühl und besonnen reagiert. Dieses Image hatte Scharping nicht mehr.

Mit Friedrich Ebert hat sich sogar schon ein deutscher Reichspräsident in Badehose gezeigt. Und niemand hat Anstoß genommen, als Bundespräsident Gustav Heinemann bei einem offiziellen Besuch in Kiel ins Schwimmbad ging.

Aber eben alleine, jedenfalls nicht in Damenbegleitung. Ich würde mich jedenfalls nicht im Bikini oder Badeanzug am Strand ablichten lassen. Wenn sich ein Politiker am Strand fotografieren oder filmen lässt, dann muss er sich gegen den Sturm stemmen und damit Dynamik, Entschlossenheit, Kampfbereitschaft demonstrieren.

Ich wundere mich immer wieder, wie offen sich Prominente, also auch Politiker, in Talkshows, bei Kerner, Beckmann und Co. geben. Die Gäste scheinen zu vergessen, dass sie sehr persönliche Geschichten einem Millionenpublikum verraten. Ich erinnere mich, dass auch Sie viel über Ihre Beziehung zu Ihrem Mann und Ihr Verhältnis zu den Eltern preisgegeben haben. Warum macht man das, ist das nicht eine Art von Exhibitionismus?

Es ist der Wunsch, ehrlich und wahrhaftig zu sein. Und dazu gehört auch die Bereitschaft, öffentlich Schwächen und Schwierigkeiten einzugestehen. Wenn man stets nur den Eindruck erweckt, hinter den Kulissen, also im Privaten herrsche von morgens bis abends nichts als heile Welt, dann glaubt einem das ohnehin kein Mensch. Jeder weiß, dass es auch bei Prominenten kracht. Folglich kann man es im Fernsehen eingestehen. Als ich die Geschichte erzählt hatte, wie ich mit meinem Mann mit dem Auto nach Italien gereist bin und an der Grenze aussteigen und nach Hause laufen wollte, weil wir uns gezofft hatten, da habe ich nur positive Resonanz gehört. „Frau Simonis", hieß es da, „genau wie bei uns, das konnte ich wunderbar verstehen".

Landtagswahl 2005: Erst ein Sieg, später die Niederlage

Kapitel 3

Zwei Verlierer, eine Siegerin

Mitten im April ist es heiß wie an einem Sommertag. Udo Simonis hat Apfelschorle im Angebot, aber Gattin Heide bevorzugt Tee. Sie bittet einen Augenblick um Geduld, weil sie am Schreibtisch im Nebenzimmer noch einen Text am Computer sichern muss. Der Professor für Umweltpolitik führt den Gast derweil ans Fenster und zeigt auf die Bäume am Straßenrand. Vor drei Tagen seien sie noch ganz kahl gewesen und jetzt schon voll ergrünt.

Das Programm für die Befragung sieht an diesem Tag Affären vor, aber die Gastgeberin ist und bleibt ausgesprochen guter Stimmung. Was gewiss auch daran liegt, weil sie weiß, dass sie nichts zu befürchten hat. Als der Skandal um Uwe Barschel zu Tage kam, da war sie Abgeordnete in Bonn. Aus sicherer Distanz konnte sie von dort verfolgen, wie ein erster vom Kieler Landtag eingesetzter Untersuchungsausschuss zu dem Ergebnis kam, dass es Barschel gewesen war, der zusammen mit dem dubiosen Journalisten Reiner Pfeiffer den Oppositionsführer im Kieler Landtag und späteren SPD-Bundesvorsitzenden Björn Engholm bespitzelt und verleumdet hatte.

Der Niedergang der Landes-CDU und die Regierungsübernahme der SPD beförderte anschließend auch die Karriere von Heide Simonis. Aus der Haushaltsexpertin in Bonn wurde im Kieler Kabinett Engholm die Finanzministerin. Und während sie ihre erste Beförderung den Fehlern des politischen Gegners verdankte, gelingt der Sprung an die Spitze, nachdem ein zweiter Untersuchungsausschuss das Urteil des ersten revidiert hatte. Das Opfer Engholm, so stellen die parlamentarischen Richter

Wahlkampf 1976 mit Willy Brandt

fest, sei nicht ganz so unschuldig gewesen, wie er bei seinen Vernehmungen im ersten Teil der Affäre ausgesagt hatte. Er wusste früher von den Machenschaften des Gegners als er vor dem ersten Ausschuss zugegeben hatte.

Noch unangenehmer aber war für die SPD, dass ihr Landesvorsitzender und Sozialminister Günther Jansen zugeben musste, Ende der 80-er Jahre dem windigen Reiner Pfeiffer 50 000 Mark aus der eigenen Sparschublade gezahlt zu haben.

Noch ehe 1987 die Affären um Barschel, Pfeiffer, Jansen und Engholm ihren Anfang nahmen, haben Sie in Bonn für eine sehr persönliche Krise gesorgt, indem Sie zumindest ein wenig am Rücktritt von Willy Brandt als SPD-Vorsitzenden mitgewirkt haben. In einem Interview sind mit Ihnen einmal mehr die Pferde durchgegangen. Als Brandt die schöne Griechin Margarita Mathiopoulos zur SPD-Pressesprecherin machen wollte, nannten Sie das einen Fehler und empfahlen ihm, darüber nachzudenken, ob er nicht lieber zurücktreten solle, ehe ihm ein weiterer Fehler dieser Art passiert.

(Reagiert leicht irritiert) Meinen verbalen Ausrutscher kann man nun wirklich nicht mit der Kieler Affäre vergleichen. Das Problem bestand auch nicht darin, dass die Griechin schön war, sondern dass sie nicht in der Partei war. Man kann nun einmal nicht für eine Partei sprechen, wenn man ihr gar nicht angehört. Kaum jemand kannte Frau Mathiopoulos, sie hatte sich auch nicht als politische Journalistin hervorgetan. Ich hatte damals in einem Hörfunkinterview gesagt: „Es ist wirklich ärgerlich, was da passiert ist", und zu dieser Äußerung stehe ich auch heute.

Als Brandt dann am 23. März 1987 tatsächlich zurücktrat, galten Sie als Vatermörderin. In einem Brief zeigten Sie Reue, baten um ein Gespräch. Sie haben bisher nie verraten, ob Sie eine Antwort auf dieses Schreiben bekommen haben und ob das Treffen überhaupt zustande kam.

Soweit ich mich erinnere, habe ich keine Antwort auf meinen Brief bekommen. Es gab auch kein offizielles Treffen. Ich habe mit Willy Brandt auf einem Landesparteitag, ich glaube es war in Norderstedt, über die Angelegenheit gesprochen. Ich bin zu ihm hingegangen und habe reumütig um Verzeihung gebeten. Er hat nur gütig geantwortet: „Ach, Heide, ist schon gut." Und damit war der Fall für ihn erledigt.

Es waren also nicht Sie, die das Denkmal umgestoßen hat.

Das zu glauben, wäre wahrlich überheblich. Außerdem habe ich wie alle Parteilinken für Willy Brandt geschwärmt. Ihn zu stürzen wäre das Letzte gewesen, was ich vorgehabt hatte. Ich habe in meiner damaligen Naivität nur das in ein Mikrofon gesagt,

Björn Engholm nach der Vereidigung seiner Finanzministerin

worüber wir abends in der Kneipe gemeinsam geschimpft hatten. Als ein Sturm der Entrüstung losbrach, zogen die anderen Kritiker den Kopf ein, und ich galt fortan als Schmuddelkind.
Ich vermute, Willy Brandt hatte ohnehin überlegt, ob er nicht ein Ende ansteuern sollte. Er mochte sich nicht länger anpinkeln lassen, und deshalb hat er die Gelegenheit genutzt, um zu sagen: Mir reicht's. Ich bleibe zwar auch künftig der Partei verbunden, aber nicht länger als Vorsitzender.

Da Lübecker zusammenhalten, soll auch Björn Engholm mächtig sauer auf Sie gewesen sein. Hat es Sie überrascht, als er Sie eines Abends kurz vor Mitternacht anrief und fragte, ob Sie in seinem Kabinett mitmachen wollten?

Dieses Angebot im Spätsommer 1987 hat mich in der Tat überrascht. Aus Engholms Verhalten nach meiner Kritik an Brandt konnte ich erkennen, dass ich nicht mehr in seiner Gnade, also auch nicht auf seinem Personalzettel stand. Zunächst suchte Engholm auch jemanden anderes für das Wirtschaftsressort. Das sollte der Hamburger Senator Volker Lange werden, der aber wollte dann doch nicht kommen, und Engholm war in Not.

Ich hatte auf einer Veranstaltung mal bemängelt, dass für den Bereich Wirtschaft immer nur Männer zuständig seien. Das hatte Engholm offenbar behalten, und so kam er im wahrsten Sinn des Wortes fünf vor zwölf auf den Gedanken, doch mal bei der Heide in Bordesholm anzufragen, ob sie in seinem Schattenkabinett nicht Wirtschaftsministerin werden wolle. Ehrlich gesagt, finde ich Wirtschaft nicht so spannend. Deshalb habe ich ihm geantwortet: Ich kann nur Finanzen. Daraufhin hat er etwas gegrummelt, hat es aber akzeptiert. Die Wahlen im Herbst 1987 endeten im Zeichen der Barschel/Pfeiffer-Affäre ja noch mit einem Patt. 1988 siegte dann die SPD mit absoluter Mehrheit, und ich wurde schleswig-holsteinische Finanzministerin.

Sie hätten sich zunächst ärgern müssen, denn offensichtlich waren Sie nur zweite Wahl.

Ich bin robust genug, um so etwas wegzustecken. Wie viele Leute sind für die unterschiedlichsten Aufgaben zunächst nur Ersatz gewesen und danach echte Stars geworden!

Eben noch Ausgestoßene, dann plötzlich Ministerin. Was hat die Partei dazu gesagt?

Die hat schnell vergessen. Und einer der Ersten, der mich wieder in die Arme nahm, und zwar im wahrsten Sinn des Wortes, war der schleswig-holsteinische SPD-Landesvorsitzende Günther Jansen.

Und an diese Geste der Versöhnung haben Sie bestimmt gedacht, als Sie Jansen als Ministerpräsidentin den Professorentitel verliehen?

Ich habe ihn immer als solidarischen, kritischen und sachkundigen Mitkämpfer empfunden, der herbe austeilen konnte, aber niemanden im Regen stehen ließ. Den Titel hat er natürlich nicht erhalten, weil er mich Jahre vorher wieder in den Schoß der Partei aufgenommen hatte, sondern deshalb, weil er sich nach seinem dramatischen Ausscheiden aus der Landesregierung bei der Organisation des schleswig-holsteinischen Krankenhauswesens größte Verdienste erworben hat. Auf diesem Gebiet hat er wirklich Unglaubliches geleistet, und ich habe ihm die Auszeichnung auf Vorschlag der Beteiligten deshalb auch mit größtem Vergnügen verliehen.

Da wir schon bei Auszeichnungen sind: Sie haben zwar keinen Titel, aber doch einige Orden.

Ich habe einen finnischen Orden, der nach dem Tod aber zurückgegeben werden muss. Daneben habe ich einen estländischen Orden und einen von der japanischen Provinz Hyogo. In allen drei Fällen für besondere Verdienste um die jeweils freundschaftlichen Beziehungen zu Schleswig-Holstein. Ach ja, von der chinesischen Provinz Zhejiang habe ich eine Ehrennadel erhalten. Auch für gegenseitige Freundschaft.

Deutsche Auszeichnungen haben Sie nicht?

Ich habe immer erklärt, dass ich deutsche Orden nicht annehmen werde. Dafür, dass ich hier nur meine Pflicht tue, für die ich bezahlt werde, brauche ich nicht auch noch einen Orden. Den sollen Menschen bekommen, die ehrenamtlich tätig sind.

Sie halten es also mit den echten Hanseaten, die Orden nur annehmen, wenn sie, wie es Siegfried Lenz formulierte, jemanden unter Lebensgefahr aus der Elbe gerettet haben.

(Lacht) So oder ähnlich ist es.

Einen wichtigen Orden haben Sie vergessen. Oder wollen Sie ihn etwa unterschlagen?

(Überlegt) Was soll es sein? Da wissen Sie mehr als ich.

Den Orden wider den tierischen Ernst, verliehen vom Aachener Karnevalsverein.

(Lacht) Den kann man als Politiker schon wegen der gewaltigen Resonanz nicht ablehnen. Als mir der Orden 1998 verliehen wurde und ich meine Büttenrede hielt, da haben elf Millionen Menschen am Fernseher zugesehen. So viel Publikum hat man nicht jeden Tag.

Sind Sie damit so etwas wie ein Ehrenmitglied des Vereins? Man sieht Sie jedenfalls bei Prunksitzungen mit Narrenkappe und ausgesprochen fröhlich.

Von den Ordensrittern wird erwartet, dass sie sich möglichst alle Jahre bei der vom Fernsehen übertragenen Sitzung sehen lassen. Wenn es irgend passt, fahre ich hin. Dieses Jahr konnte ich nicht, nächstes Jahres bin ich wieder dabei.

Wider den tierischen Ernst 2005

Als Ordensritterin beim Karneval in Aachen

Sie sind gebürtige Rheinländerin. Vermissen Sie den Karneval im Norden?

Nein, eher nicht. Ich verstehe nicht, wie sich Leute vor den Fernseher setzen können und sich ganz trocken Karneval ansehen. Das ist eigentlich nicht mein Ding. Wenn man aber in Köln oder Aachen direkt dabei ist und mitschwofen kann, dann ist das etwas Anderes.

Im kleinen schleswig-holsteinischen Marne wird am Aschermittwoch richtig Karneval gefeiert, weil in Schleswig-Holstein manches später stattfindet als im Rest der Republik. Da haben Sie im Jahr zwei nach Ihrem Wahldebakel wieder nicht nur teilgenommen, sondern auch mitgemacht. In der Bütt als Putzfrau und mit viel Selbstironie. Das ist Ihnen doch bestimmt schwer gefallen?

Ich hab die Veranstaltung vor zehn Jahren mit ins Leben gerufen. Da haben die Organisatoren, und das sind die örtlichen Parteifreunde, bei mir angefragt, ob ich zum Jubiläum nicht kommen möchte. Ich habe etwas geschluckt und dann zugesagt. In meinem Redebeitrag habe ich den Stier gleich bei den Hörnern gepackt und die wunden Punkte erledigt. Das ging ganz gut, und alle waren's zufrieden.

Täter und Opfer

Wir wollten über Skandale sprechen und sind beim Karneval gelandet. Nun also zurück zu den Ereignissen im Jahr 1987. Zum 20. Todestag von Uwe Barschel wird in mehreren Veröffentlichungen wieder einmal die These vertreten, der frühere schleswig-holsteinische Ministerpräsident sei ermordet worden. Als Motiv wird genannt, Barschel sei nach seinem Rücktritt entschlossen gewesen, das so genannte U-Boot-Geschäft aufzudecken. Es bestand darin, dass die Howaldtswerke, an denen das Land noch zu 25,1 Prozent beteiligt war, für 40 Millionen Mark Pläne für den Bau von vier U-Booten an das Apartheid-Regime in Südafrika verkauft hatte. Dieses Geschäft verstieß gegen ein von der UNO verhängtes Embargo. Was halten Sie von dieser Mord-Theorie?

Ich war lange überzeugt, Barschel habe Selbstmord begangen. Inzwischen glaube ich, es könnte auch Mord gewesen sein.

Das überrascht mich. Warum der Sinneswandel?

An Selbstmord dachte ich nach der so genannten Ehrenwort-Pressekonferenz, auf der Barschel versichert hatte, er habe nichts Unrechtes getan. Von meinem Vater, ehemals aktiver Offizier und Mitglied einer schlagenden Studentenverbindung, habe ich die Bedeutung eines Ehrenwortes gelernt. Wenn jemand sein Ehrenwort verpfändet, dann war damit klar: Die Sache stimmt, es durfte nichts mehr hinterfragt werden. Kam anschließend heraus, dass der Betreffende die Unwahrheit gesagt hatte, gab es nur eine Reaktion, und das war die Kugel.

Nun wussten viele, die Barschel kannten, dass er auch schon vor dem Kieler Skandal nicht unbedingt als Ehrenmann auftrat.

Ich habe ihn nur einmal in Bonn getroffen. Bei einem Gespräch mit Unternehmern in der Landesvertretung. Da ist er wie der Kaiser von China aufgetreten, hat mich wegen irgendeiner Lappalie angeblafft und etwas über rothaarige Weiber gebrummt.

Aber nun zum Mordverdacht. Was gibt es für Anhaltspunkte?

Ich habe selbstverständlich keinerlei Beweise. Aber es gibt einige merkwürdige Details. Es scheint erwiesen, dass jemand bei Barschel im Hotelzimmer war und wieder gegangen ist. Es könnte sein, dass sich jemand von ihm reingelegt fühlte, es könnte um große Geschäfte gegangen sein, es könnte Waffenhandel im Spiel gewesen sein. Aber wie gesagt, ich weiß nichts Genaueres und spekuliere nur.

Haben Sie eine Erklärung für Barschels Abstecher nach Genf? Könnte es sein, dass er von seinem Ferienort auf Grand Canaria ganz gezielt dort hingeflogen ist, um sich das Leben zu nehmen?

In ein Genfer Hotel fährt man gezielt. Das ist schon einmal klar. Wenn er nach Hause gewollt hätte, wäre er nach Hamburg geflogen. Es muss eine Absicht hinter diesem Abstecher ins Hotel Beau Rivage gesteckt haben. Die große Frage ist nur: Welche? Wenn heute noch immer so viele Fragen gestellt werden, dann verdanken wir das wohl vor allem der Unfähigkeit einer Schweizer Untersuchungsrichterin…

Claude-Nicole Nadin, sehr hübsch…

… meinetwegen, jedenfalls war sie nicht in der Lage, eine derart wichtige Untersuchung zu leiten. Es ist alles schief gelaufen, was schief laufen konnte.

Noch einmal zum Mordverdacht. Könnte die U-Boot-Geschichte tatsächlich für jemanden ein Motiv gewesen sein, Barschel um-

zubringen, weil er gegen das Geschäft mit Südafrika war und auspacken wollte?

Diese U-Boot-Geschichte ist nach wie vor unverdautes Brot. Wie es wirklich gelaufen ist, wissen nur ganz wenige, zu denen ich nicht gehöre.

Was merkwürdig ist, denn die Kieler Howaldtswerke gehörten Bund und Land.

Ich habe als Finanzministerin versucht, Licht in die Sache zu bringen und bin gescheitert. Sicher ist nur, dass Blaupausen für den Bau von U-Booten nach Südafrika geschmuggelt worden sind. Wahrscheinlich in einem Schiffsmodell. Dafür sind vom Apartheid-Regime 40 Millionen Mark gezahlt worden.

Und wo sind die geblieben?

Versickert.

Und Sie und der Bund konnten vom HDW-Vorstand nicht erfahren, was mit dem Geld geschehen ist?

Es war nichts zu machen. Wir haben als Land einmal die Entlastung des Vorstandes verweigert, genauer gesagt, wir haben uns der Stimme enthalten. Mehr wollten wir nicht tun, um nicht Arbeitsplätze zu gefährden. Diese ganze unerfreuliche Angelegenheit ist für mich der beste Beweis dafür, dass der Staat sich nicht an solchen großen Unternehmen beteiligen sollte.

Sind die U-Boote in Südafrika gebaut worden?

Nein. Die hatten zwar die Pläne aus Kiel, waren aber nicht in der Lage, danach die Boote zu bauen.

1991, als Sie Finanzministerin waren, hat das Land seinen An-
teil an HDW an die Preussag verkauft. Für 60 Millionen Mark.
Viel zu wenig, heißt es.

Die Werft war im Grunde genommen pleite, die Verhandlungen
waren hart, und mehr war einfach nicht herauszuholen.

Noch einmal zu Barschels Tod und zur Mordthese: Im Aufsichts-
rat von HDW saß 1987 der Staatssekretär im Kieler Finanzmi-
nisterium Karl-Hermann Schleifer, und Uwe Barschel behaupte-
te in einer Rede vor dem Landtag, er habe von dem Geschäft mit
Südafrika nicht von seinem Staatssekretär, sondern von einem
Journalisten erfahren. Schleifer soll nur den damaligen Bundes-
finanzminister Gerhard Stoltenberg informiert haben. Ist es vor-
stellbar, dass Schleifer seinen eigenen Ministerpräsidenten über
dieses illegale Geschäft nicht informiert hat?

Eines ist sicher: Schleswig-Holstein ist nicht zu allen Zeiten dieses
beschaulich-friedliche Land gewesen, als das es gerne dargestellt
wird. Hier haben sich merkwürdige Geschichten abgespielt. Hier
sind mit Russland und anderen Ländern Geschäfte abgewickelt
worden, die nicht sauber waren, hier gab es Prozesse gegen Leute,
die für den russischen Geheimdienst gearbeitet haben, hier gab
es Merkwürdigkeiten auf der schon erwähnten Werft. Ich kann
mir vorstellen, dass die Regierung auf das eine oder andere aufmerksam geworden ist.
Die Mord-Geschichte, die der angebliche Mossad-Agent erzählt
hat und die in dem gerade erschienenen Buch „Der Doppelmord
an Uwe Barschel" wieder aufgewärmt wird, erscheint mir allerdings wenig glaubwürdig.

Haben Sie jemals mit Frau Barschel über den Tod ihres Mannes
gesprochen?

Nein, so nahe waren wir uns nie.

Wenn Uwe Barschel am Leben geblieben wäre, hätte er in irgendeiner Form weiter politisch tätig sein können?

Bestimmt nicht. Es wäre auf ewige Zeit darüber geredet worden, was in Schleswig-Holstein passiert ist. Wie die Untersuchungsausschüsse ergeben haben, war er ein kaputter Mensch. Die vielen Tabletten, die er genommen hat, diese Machenschaften gegen den politischen Gegner, egal, was er oder Pfeiffer zu verantworten hat, es war alles so gruselig, dass ich mir sage: So was können sich nur kranke Menschen ausdenken.

Erinnern Sie sich noch, wo und wie Sie von Uwe Barschels Tod erfahren haben? Und könnte Ihnen beim Empfang der Nachricht der Gedanke durch den Kopf geschossen sein: Jetzt regiert bald die SPD in Kiel, und ich bin in irgendeiner Form dabei?

Ich erinnere mich sehr genau.
Mein Mann wurde 50 Jahre alt und wollte dem Geburtstagsrummel entgehen. Daher reisten wir nach Istanbul. In meinem Bonner Büro hatte ich gesagt: Bitte nur stören, wenn die Revolution ausbricht. Kaum waren wir im Hotel angekommen, drückte uns der Portier ein Telegramm in die Hand. Mein erster Gedanke war: Die haben es aber eilig mit der Revolution.
Neben der Nachricht von Barschels Tod erhielt ich den Rat, mich mit Aussagen gegenüber Journalisten zurückzuhalten. Noch wisse niemand, was genau passiert sei.
Von mir wollte aber keiner etwas wissen, und als schließlich Einzelheiten bekannt wurden, waren wir schon wieder auf der Rückreise nach Deutschland.
Ob ich gedacht habe, nun könne die SPD bald in Schleswig-Holstein regieren? Das war unabhängig von Barschels Tod zu erwarten. Ich habe eher an den fast schon wieder angelaufenen Wahlkampf für die Neuwahlen am 8. Mai 1988 gedacht. Wie sollte man den führen? Was sollte man zu Barschels Tod sagen?

Die eigenen Parteifreunde haben sich eiligst von Uwe Barschel distanziert, was ungewöhnlich ist, normalerweise sind bei der Union doch die Reihen eher fest geschlossen. Könnte es darauf zurückzuführen sein, dass da einer zu schnell Karriere gemacht hat und zu vielen auf die Füße getreten war?

Da wurde wohl manch alte Rechnung beglichen. Barschel konnte ja schon als Fraktionsvorsitzender auf hohem Niveau sehr unangenehm werden. Der einzige, der selbstbewusst gegengehalten hat, war der damalige Finanzminister Gerd Lausen. Ich habe noch die Bilder vor mir, wie Barschel nach seinem Rücktritt als einfacher Abgeordneter in den Plenarsaal kam und sich geradezu krampfhaft bemühte, möglichst vielen Kollegen die Hand zu schütteln, weil er sah, dass die Kameras auf ihn gerichtet waren. Er muss aber auch gespürt haben, dass plötzlich eine unsichtbare Wand zwischen ihm und seinen Parteifreunden entstanden war. Und seine Phantasie muss gereicht haben, um sich vorzustellen, dass sich an dieser Isolierung nichts ändern würde.

Wenn man bösartig sein will, könnte man behaupten, Sie seien aufgrund einer Geldzahlung Ministerpräsidentin geworden. Denn wenn der damalige Sozialminister Günther Jansen 1992 Uwe Barschels Mann fürs Grobe, Reiner Pfeiffer, nicht 50 000 Mark geschenkt hätte, wäre kein Untersuchungsausschuss eingesetzt worden, und Ministerpräsident Björn Engholm hätte nicht zurücktreten und Ihnen sein Amt überlassen müssen.

Das ist so nicht ganz richtig. Engholm war SPD-Bundesvorsitzender und Kanzlerkandidat. Er wäre bestimmt auch Bundeskanzler geworden, und das Amt des Kieler Ministerpräsidenten wäre frei geworden.

Es hält sich ja hartnäckig das Gerücht, Jansen habe nicht als Privatmann gespendet, sondern im Auftrag der Partei, die Pfeiffers Schweigen bezahlen wollte. Was sagen Sie dazu?

Ich habe das Gerücht auch gehört und bin sicher, dass es nicht stimmt. Wenn bei uns in der SPD zwei Leute etwas wissen, dann ist dies in Nullkommanichts der Öffentlichkeit bekannt. Wenn in der Partei Geld für die Zahlung an Pfeiffer gesammelt worden wäre, ließe sich das nicht verheimlichen. Es war Jansens eigene Idee. Der ist einfach so und hat vorher auch schon Geld an Leute verschenkt, beziehungsweise verliehen, die es ebenfalls nicht verdient hatten. Außerdem: Wenn Günther Jansen etwas versichert, dann kann man es glauben.

Und warum, um alles in der Welt, hat Jansen dem zwielichtigen Pfeiffer Geld geschenkt?

Seine Begründung ist bestimmt richtig, aber ich kann sie nicht begreifen. Er habe Mitleid mit Pfeiffer gehabt, weil der arbeitslos geworden sei, hat Jansen erklärt. Es bestand nun wahrlich kein Grund, hinter diesem schmierigen Menschen herzulaufen und dafür zu sorgen, dass er Geld in die Hand bekommt.
Diese einfach nicht nachvollziehbare Geschichte hat vielen von uns wehgetan.

Nun hat sich der zweite Untersuchungsausschuss des Landtages nicht nur mit Günther Jansens Zahlung an Pfeiffer befasst, sondern er hat auch den Fall Barschel noch einmal behandelt und aus dessen Verurteilung in erster Instanz eine Art Freispruch gemacht, wenngleich einen Freispruch zweiter Klasse. Gleichzeitig wurde aus dem ursprünglichen Opfer Björn Engholm ein Angeklagter gemacht. Und alles geschah unter dem Vorsitz eines SPD-Abgeordneten. Es gibt viele politisch interessierte Menschen, die das immer noch nicht verstehen.
Gehören Sie dazu?

Die Behauptung, Barschel sei in zweiter Instanz freigesprochen worden, kann ich nicht akzeptieren. In seiner Umgebung, ob mit oder ohne seine tatkräftige Mithilfe, ist ja nun wirklich Übles passiert. Und was die Arbeit der beiden Untersuchungsausschüsse betrifft, da ist mir eines aufgefallen: Es muss in der politischen Landschaft des Landes über Jahre in der Tiefe brodelnde Vulkane gegeben haben, die plötzlich ausgebrochen sind. Die ganze Wohlanständigkeit war nur ein dünner Firnis, und darunter wurde mit harten Bandagen gekämpft, versuchte einer den anderen hereinzulegen. Das waren Sitten, wie man sie vorher nur aus Bayern aus der Ära Strauß und Onkel Alois kannte.

Ein Hoffnungsträger stürzt ab

Der zweite Untersuchungsausschuss ist auch zu dem Ergebnis gekommen, Reiner Pfeiffer habe seine Aktionen gegen Engholm weitestgehend ohne Barschels Wissen ausgeführt. Die Beweislage mag dieses Urteil rechtfertigen. Es gibt aber immer noch die so genannte Lebenserfahrung, die von Richtern bei ihren Urteilen durchaus herangezogen wird. Sie haben zwölf Jahre lang die Staatskanzlei kennen gelernt. Können Sie sich vorstellen, dass Sie einen Referenten in Ihrer allernächsten Umgebung beschäftigen, ohne ziemlich genau zu wissen, was der den ganzen Tag treibt?

Wenn ich es nicht gewusst hätte, hätte es der Staatssekretär gewusst, und wenn der es nicht gewusst hätte, hätte es der Planungsabteilungsleiter gewusst.

Mir soll doch keiner erzählen, niemand habe sich dafür interessiert, was der für den Wahlkampf aus dem Hause Springer eingekaufte Journalist da treibt. Der war doch engagiert, dafür zu sorgen, dass Barschel noch einmal die Wahl gewinnt. Nach dem

Motto: Mach mal, aber lass dich nicht erwischen, und falls etwas schief läuft: Wir wissen von nichts.

Wie groß ist die Kieler Staatskanzlei?

Ich habe 140 Mitarbeiter gehabt. Die kannte ich nicht alle beim Namen, aber ich kannte die Gesichter und wusste, wo sie hingehörten und was die machten. Der Chef der Staatskanzlei war über jeden Einzelnen genau informiert. Und Pfeiffer soll allein in seinem Zimmer rumgemurkst haben? Dass ich nicht lache...

Engholm hat vor dem ersten Untersuchungsausschuss verschwiegen, dass er von den gegen ihn aus der Staatskanzlei gerichteten Machenschaften wie die Bespitzelung durch Detektive und die Behauptung, er sei an Aids erkrankt, nicht erst kurz vor der Landtagswahl 1987 erfahren hatte, sondern schon etwas früher. Ich behaupte einmal, es ist in Deutschland noch kein Spitzenpolitiker aus derart nichtigem Anlass aus allen seinen Ämtern geschieden wie Björn Engholm. Sehen Sie das ähnlich?

Ja. Er ist in der Tat über eine Petitesse gestolpert, und natürlich hat die CDU die Vorlage dankbar aufgenommen, um endlich wieder salonfähig zu werden.

Man sollte aber nicht übersehen, dass das Krisenmanagement auf unserer Seite nicht gerade optimal war. Man hätte einfach glaubwürdige erklären müssen, warum Engholm und diejenigen, die von den schmutzigen Tricks aus der Staatskanzlei wussten, dies nicht schon vor der Wahl vom 13. September 1987 bekanntgemacht haben.

Was hätte das in der deutschen Öffentlichkeit für einen Aufschrei gegeben, wenn Engholm und die SPD schlicht gesagt hätten, ein amtierender Ministerpräsident habe Detektive auf seine Gegner ansetzen lassen, habe ihm ausrichten lassen, er leide an Aids, habe eine anonyme Steueranzeige abschicken lassen. Wenn wir nicht ganz handfeste Beweise gehabt hätten, die wir nicht hatten, dann hätten die Leute doch gesagt, der Engholm ist völlig übergeschnappt, den können wir nicht wählen.

Ich bin davon überzeugt, dass eine solche Argumentation die Öffentlichkeit überzeugt hätte, jedenfalls den größten Teil. Stattdessen hat Engholm zu lange behauptet, er habe erst unmittelbar vor dem Wahlsieg von den schmutzigen Tricks erfahren. Das war ein Fehler.

Wann hätte Engholm sagen sollen, was er schon lange wusste?

Am Abend des Wahlsonntags, da hätte er vor die Kameras treten und erklären sollen: Ich wusste vorher, was da gelaufen ist, wir haben nichts gesagt, weil wir den Wahlkampf nicht kaputtmachen wollten. Dann wäre die Angelegenheit vom Tisch gewesen.

Ein Politiker vom Schlage eines Roland Koch hätte die Angelegenheit wahrscheinlich auf einer Backe abgesessen.

Bestimmt, und zwar mit brutalstmöglicher Offenheit.

Man kann sich des Eindrucks daher nicht erwehren, dass es auf Bundesebene in SPD-Führungskreisen einflussreiche Kräfte gab, die zu der Überzeugung gekommen waren, Engholm ist doch nicht der richtige Mann für das Kanzleramt. Das heißt, es fehlte ihm an Rückhalt, um die Angriffe des politischen Gegners abzuwehren. Ist diese Einschätzung völlig falsch?

Eines ist richtig. Die Retter sind nicht gerade in Scharen gekommen. Einige, die etwas hätten tun können, haben gar nichts getan, und ihr Schweigen war beredter als alles andere.

**Landtagspräsidentin Ute Erdsiek-Rave vereidigt
die neue Regierungschefin**

Und Engholm selbst, hat er zu früh das Handtuch geworfen?

Meiner Meinung nach ja. Ich hatte das Gefühl, er wollte einfach
nicht mehr. Wenn er gekämpft hätte, dann hätte er weitermachen
können. Ob er allerdings Kanzlerkandidat hätte bleiben können,
das ist eine andere Frage. Ich glaube, er hatte gemerkt, dass ihm
der Wind aus den eigenen Reihen ins Gesicht blies. Eine Menge sehr schwieriger Themen standen an. Allein der Kompromiss
über die Asylbewerber hatte die ganze Partei durcheinander ge-
wirbelt.

Auf der Kieler Woche mit Oberbürgermeister Norbert Gansel

Hatten Sie ihm geraten weiterzumachen?

Nein. Mit mir hat er über diese Angelegenheit wenig gesprochen. Ich erinnere mich nur, dass ich bei der ersten Kabinettssitzung nach dem grandiosen Wahlsieg vom 8. Mai 1988 vorschlug, wir sollten einen neuen Untersuchungsausschuss beantragen, um das Verhalten der SPD in der Barschel/Pfeiffer-Affäre zu klären. Daraufhin haben mich alle wie vom Donner gerührt angesehen. Nach dem Motto: Wie kann man denn einen solchen Quatsch vorschlagen. Ich dagegen war davon überzeugt: Man muss den Stier bei den Hörnern packen. Später ist der Ausschuss gekommen, beantragt von der CDU.

War es eigentlich Engholm, der Sie nach seinem Rücktritt am 3. Mai 1993 als seine Nachfolgerin vorgeschlagen hat?

Ja. Zwar nicht in dem Sinne, die muss es sein, sondern er hat mich den Parteigremien empfohlen.

Es gab aber doch auch andere Bewerber. Dazu gehörte vor allem der langjährige Bundestagsabgeordnete und spätere Kieler Oberbürgermeister Norbert Gansel, der empfahl, Engholms Nachfolger per Mitgliederbefragung zu ermitteln. Gansel hoffte, dass er sich dabei durchsetzen würde.

Gansel hatte die Lage falsch eingeschätzt. Die Würfel waren schon gefallen, als er mit seinem Vorschlag antrat. Die Partei befand sich in einer verzweifelten Situation. Sie hatte mit Engholm einen Ministerpräsidenten, einen Parteivorsitzenden und einen Kanzlerkandidaten verloren, der ja durchaus gute Aussichten auf einen Wahlsieg gegen Helmut Kohl gehabt hätte. Man wollte keine Mitgliederbefragung, sondern ganz schnell eine Lösung des Problems. Das war mein Vorteil. Sie haben mich nicht aus Liebe gewählt, sondern es hieß: Da müssen wir durch. Vierzehn Tage später übernahm ich das Amt als Ministerpräsidentin, und ich fühlte mich, als hätte mich jemand bei Nacht und Nebel ins kalte Wasser gestoßen. Mein Glück war, dass ich schwimmen konnte.

Und Sie standen in der richtigen Kurve, als ein anderer herausgeschleudert wurde, wie Sie zu sagen pflegen.

Wie schön, dass Sie mittlerweile meine Antworten schon im voraus kennen.

Am heimischen Arbeitsplatz (2007)

Kapitel 4

Nach dem Machtverlust

Es herrscht Notstand im Hause Simonis. Seit drei Tagen schon ist die Verbindung zur Außenwelt unterbrochen und die Computer schweigen. Das Manuskript für einen wichtigen Vortrag des Professors kann nicht verschickt werden und auch die UNICEF-Zentrale in Köln ist nicht erreichbar.

Aber die Telekom weiß ganz offensichtlich, dass sie bei Prominenz in Ungnade gefallen ist, denn über die glücklicherweise noch funktionierende Haussprechanlage melden sich ganze Hilfskolonnen zur Rettung der Abgeschnittenen.

Der große Tisch im Wohnzimmer scheint für eine Kabinettssitzung hergerichtet. Hier liegt ein Vertrag, dort ein UNICEF-Papier, alles sehr geordnet. Nein, es sei keine Sitzung geplant, erklärt der Hausherr. Er pflege nur die Post und alles andere, was zu erledigen sei, der vielbeschäftigten Gattin vorzulegen.

Die hat das erste Kapitel des zu Papier gebrachten Gesprächs durchgesehen und ist mit dem Ergebnis zufrieden. Es höre sich gut an.

Sehr zufrieden ist sie auch mit dem Medienecho der vergangenen Tage. Da die ARD in der Berichterstattung das Thema „Kinder" zu einem Schwerpunkt gemacht hat, erscheint sie in ihrer Eigenschaft als UNICEF-Vorsitzende öfter in der Tagesschau als zu Ministerpräsidenten-Zeiten.

Aber wer sein Leben lang politisch engagiert war, kann nicht übergangslos in die Rolle der ehrenamtlichen Spendensammlerin schlüpfen. Die neu entbrannte Diskussion um die RAF-Terroristen bewegt Heide Simonis ganz offenkundig. An jeder Ecke sei sie damals in Kontrollen geraten, erinnert sie sich, das Thema müsse man unbedingt ins Buch aufnehmen.

Die Aktualität muss jedoch noch warten. Wie verkraftet jemand den plötzlichen Verlust der Macht, heißt an diesem Tag das Gesprächsthema. Und als es schließlich aufgearbeitet ist, kommt die gute Nachricht: Der Leitungsschaden ist behoben, die Verbindung zur Außenwelt ist wieder hergestellt.

Es heißt immer, Macht sei eine Droge. Haben Sie sich den Ausstieg aus der Politik leichter oder schwerer vorgestellt?

Ich habe mir das Ende leichter vorgestellt, denn ich hatte mir ja vorgenommen, in der Mitte der laufenden Legislaturperiode selbst über den Tag und die Form meines Abschieds zu entscheiden. Ich konnte mich somit seelisch darauf einstellen.

So, wie es dann passiert ist, kam es mir vor, als wäre ich mit Tempo 100 gegen eine Wand gefahren. Plötzlich war Stillstand. Und eben völlig unerwartet. Wir hatten schließlich schon die sehr komplizierten Koalitionsverhandlungen hinter uns, der Rest schien glatt zu laufen und dann das.

Für mich war es wirklich ein Schock. Ich sah auf den leeren Terminkalender und hätte ihn am liebsten in die Ecke geworfen.

Ja, ich gestehe ein, so einfach in den Tag zu leben, das ist mir am Anfang sehr, sehr schwer gefallen.

Das erinnert an den Marathonläufer, der nicht plötzlich mit dem Laufen aufhören darf, weil das gesundheitliche Folgen hätte.

Ja, das kann man so sagen. Mir ging es seelisch nicht gut, und mir ging es körperlich nicht gut. Ich schlief schlecht, konnte nicht einmal beim Essen entspannt sitzen. Grund bekam ich erst wieder unter die Füße, als ich von UNICEF Deutschland das Angebot erhielt, zum 1. Januar 2006 den Vorsitz zu übernehmen.

**Zum Abschied die „Gorch Fock", überreicht vom Kieler
Landtagspräsidenten Martin Kayenburg**

*Ist der Vergleich völlig abwegig, dass die Rückkehr aus einem
Kabinett ins Privatleben eine gewisse Ähnlichkeit mit der Frei-
lassung aus einem Gefängnis hat? Auch danach beginnt ja eine
Phase der Resozialisierung.*

Das ist zwar etwas scharf formuliert, kommt aber der Sache
ziemlich nahe. Als Regierungschefin laufen Sie schon in einem

Hamsterrad, es gibt einen fest gefügten Rhythmus, und es gibt vor allem Termine ohne Ende. Da ist man tatsächlich ähnlich fremdbestimmt wie in einem Gefängnis. Selbst Kinobesuche mit meinem Mann mussten über mein Büro abgestimmt werden. Und wenn eine meiner Schwestern Geburtstag feiern wollte, dann musste ich den Termin ein halbes Jahr vorher bei meiner Sekretärin anmelden.

Winston Churchill hat auf die Frage, was er nach dem Verlust der Macht besonders vermisst habe, die Antwort gegeben: Die Information und den Transport, also Dienstauto mit Chauffeur. Würden Sie die gleiche Antwort geben?

Jederzeit. Information, das ist der berühmt-berüchtigte Pressespiegel, den man morgens im Büro vorfindet und der querschnittartig alle wichtigen Informationen der regionalen und überregionalen Zeitungen enthält. Wenn man dieses broschürendicke Werk durchgesehen hat, ist man informiert.

Und was den Transport betrifft: Das ist Luxus pur. Der Fahrer kommt, sagt, wir müssen los. Man kann im Fond noch etwas arbeiten, telefonieren, ist pünktlich am Zielort und weiht ein oder hält eine Rede.

Wie schwierig es ist, einen Parkplatz zu finden, haben Sie erst erfahren, als Sie selber am Lenkrad sitzen mussten.

(Lacht) Ja und wie ermüdend und anstrengend es ist, abends nach einer Veranstaltung heimzufahren.

Haben Sie sich nach 17-jährigem Genuss eines Fahrdienstes gleich mutig selbst ans Steuer gesetzt, oder haben Sie noch einmal nachgeschult?

Mein Mann hat mir einige Fahrstunden verabreicht. War für beide eine mächtig wortreiche Angelegenheit.

Können Sie bereits von Abenteuern mit der Polizei und den Politessen berichten?

Nur von Kontakten. Sie schreiben auf und sind meistens ganz freundlich. Nur einmal hat mich eine Politesse spitz gefragt: „Sie glauben wohl, Sie brauchen keinen Parkschein."

Bezahlt haben Sie also schon?

Ja. Ich zahle stets ganz schnell, damit niemand auf den Gedanken kommt, ich wolle gar nicht zahlen.

Parken Sie nur falsch oder rasen Sie auch schon?

Beim Fahren bin ich sehr vorsichtig. Ich möchte nämlich nicht, dass in der Zeitung steht: Ehemalige Ministerpräsidentin fährt wie eine Wildsau durch die Stadt.

Kann man als ehemalige Regierungschefin auch etwas machen, das früher nicht möglich war?

Oh ja, eine ganze Menge. Man kann sich beispielsweise etwas Lockeres anziehen, weil man nicht den ganzen Tag offiziell auftreten muss. Man kann in Szenelokale gehen, in die man früher nicht gegangen ist.

Machen Sie das manchmal?

Ich übe noch.

Sie sind ja zumindest in den zwölf Jahren als Regierungschefin fast auf Schritt und Tritt bewacht worden. Auch wenn Sie sich zuweilen davongeschlichen haben und auf einem Flohmarkt verschwunden sind. Fühlen Sie sich jetzt manchmal etwas unsicher, vielleicht sogar gefährdet?

Nein, überhaupt nicht. Die Schleswig-Holsteiner haben mir noch nie etwas getan. Nur in Bordesholm bin ich einmal von einem Menschen, der krank war, mit einer Pistole bedroht worden. Aber da war gleich die Polizei zur Stelle. Ich brauche keine Bewachung mehr. Bei ehemaligen Kanzlern ist das etwas anderes. Wenn die ihren Schutz behalten, ist das vollkommen in Ordnung.

In der Nähe Ihrer Kieler Wohnung ist ein großer Park. Trauen Sie sich, dort bei Dunkelheit einen Spaziergang zu machen?

Nein. Nur tagsüber. Nachts sehe ich nicht besonders gut, daher gehe ich im Dunkeln nie in Gegenden, die ich nicht voll einsehen kann.

Früher haben Sie einkaufen lassen. Gehen Sie jetzt selber in den Supermarkt?

Ja. Ich habe nicht deshalb einkaufen lassen, weil ich Berührungsängste hatte, sondern weil es nicht anders ging. Ich habe einen Zettel geschrieben, meine Mitarbeiterin hat die Bestellung aufgegeben, fast immer im selben Geschäft, und wenn wir irgendwo hin mussten, hat der Fahrer die Waren abgeholt.

Wenn Sie nun im Supermarkt einkaufen, werden Sie dort ständig angesprochen? Und was sagen die Leute? Nun können Sie selber mal sehen, wie teuer alles ist?

Ich werde durchweg freundlich behandelt. Wenn hinter meinem Rücken getuschelt wird, dann geht es darum: Sollen wir sie ansprechen? Und dann heißt es „schön, dass man Sie mal sieht", oder auch „ich habe sie zwar nicht gewählt, aber was man mit Ihnen gemacht hat, das war nicht in Ordnung".

Manchmal fragt auch jemand, ob er ein Foto machen darf. Ähnlich ist es auf dem Flohmarkt. Da wird ein bisschen gequatscht: „Na, schon etwas gefunden?" oder „heute isset nicht so doll mit dem Angebot".

Fahren Sie noch immer gezielt zu Flohmärkten, auch weiter entfernt?

Einmal im Jahr fahren wir nach Dänemark zu lieben Freunden, dem Maler-Ehepaar Peter und Hanne Nagel. In Juelsminde gibt es ein Hafenfest mit einem großen Flohmarkt. Er ist zwar nicht mehr so toll, wie er einmal war, aber man findet immer noch was Schönes. Nach Berlin fahren wir auch immer mal wieder, obwohl das Angebot dort ständig teurer wird. Zu meinem Kummer habe ich gehört, dass der Flohmarkt an der Leine in Hannover schlechter geworden ist, sodass ich dort nicht mehr hinzufahren brauche.

Suchen Sie etwas, was Sie schon immer einmal finden wollten, aber nie gefunden haben. Sozusagen die blaue Blume des Flohmarkts?

Ich fahnde nach ganz unterschiedlichen Dingen. Für meine Nichte habe ich zur Hochzeit nach einem WMF-Silberbesteck gesucht. Innerhalb von sechs Wochen hatte ich die Einzelteile auf verschiedenen Flohmärkten zusammengekauft.
Außerdem haben alle Kinder meiner Schwestern ein Aussteuerpaket erhalten. Ob sie es wollten oder nicht. Es bestand aus Handtüchern, Tischdecken, Servietten, Bettwäsche. Natürlich alles in Weiß. Wer das nicht mag, der hat eben Pech gehabt.

Haben Sie schon einmal ein richtiges Schnäppchen gemacht; sozusagen kurz vor einem Picasso?

Ja (holt eine Porzellanfigur). Es war auf dem alten Krempelmarkt in Berlin, am Potsdamer Platz. Ich hatte Migräne, schlich an den Ständen entlang und stand plötzlich vor dieser kleinen Figur. „Ganz hübsch", sagte ich zu dem Anbieter. „50 Mark", antwortete der, und ich: „Nee, kommt überhaupt nicht in Frage", und will weitergehen. Da stößt mich von hinten mein Begleiter an und flüstert: „Die nimmst Du jetzt, zahlst, sagst kein Wort und gehst ganz schnell weg." Habe ich prompt gemacht. Hinterher erfuhr ich, dass es ein Stück aus der Wiener Werkstatt ist, angefertigt um 1900.

Ein Schnäppchen vom Berliner Flohmarkt

Der Wert liegt inzwischen bei 2000 Euro, aber ich verkaufe die Figurine natürlich auf keinen Fall.

Hat sich auf den Flohmärkten das Verhalten der Verkäufer Ihnen gegenüber verändert? Früher gab es für die Ministerpräsidentin vielleicht einen Bonus, heute sind Sie eine ganz normale Kundin, der für eine alte Kaffeekanne möglichst viel abgeknöpft werden muss.

Ach, die Flohmarktleute, das ist ein Völkchen für sich. Einige kenne ich schon so lange, mit denen könnte ich Silberhochzeit feiern. Ich weiß ganz genau, wie weit man handelt und wann Schluss ist. Wenn man zwei Euro zahlen soll, kann man nicht fragen, ob es auch billiger geht. Das Verhalten mir gegenüber hat sich nicht im geringsten verändert. Ich bekomme immer noch ganz ordentliche Preise.

Als Sie noch im Dienst waren, haben Sie angekündigt, nach dem Ausscheiden aus der Politik würden Sie einen europäischen Flohmarktführer schreiben. Wann ist mit dem Erscheinen dieses gewiss bahnbrechenden Werkes zu rechnen?

Wieder einmal kann ein Politiker sein Wort nicht halten. Es gibt inzwischen eine ganze Reihe von Flohmarktführern. Ein weiterer lohnt sich daher nicht. Außerdem lässt das Angebot stark nach, und echte Schnäppchen wie meine Wiener Porzellanfigur werden selten. Die Leute wissen, wenn sie etwas Wertvolles haben. Und wenn es Oma nicht weiß, dann wissen es ihre Kinder. Außerdem denke ich bei diesem Thema ganz eigensüchtig. Es gibt nur noch wenige Flohmärkte, deren Besuch lohnt. Und ich werde natürlich nicht so dumm sein und sie meiner Konkurrenz verraten.

Handarbeit mit Musik

Als Hobbys nennen Sie neben dem Besuch von Flohmärkten auch das Herstellen von Quilts. Was um alles in der Welt ist das für eine Handarbeit?

So kann wirklich nur ein deutscher Mann fragen. In Amerika weiß jeder, was ein Quilt ist. Es werden wissenschaftliche Arbeiten darüber geschrieben, sie hängen in Museen, und für einen richtig schönen, von einer Expertin hergestellten Quilt werden 10 000 Dollar bezahlt. Hier wollen die Leute tot umfallen, wenn sie 1000 Euro ausgeben sollen. Sie können sich nämlich nicht vorstellen, wie viel Stoff benötigt wird, und wie lange man daran arbeiten muss. An einem besonders schwierigen Stück sitze ich anderthalb Jahre.

Und was macht man mit den teuren Stücken?

Man nimmt sie als Tages- oder Bettdecke oder als Tischdecke, so wie hier an diesem Tisch, an dem wir sitzen. Manche Leute nehmen sie auch als Wandschmuck, was ich aber nie tun würde.

Arbeit am Quilt

Sie haben stets über Zeitmangel und volle Terminkalender ge-
klagt, aber für eine derart aufwendige Beschäftigung nehmen Sie
sich Zeit?

Es ist eine unglaubliche Geduldsarbeit, bei der ich wunderbar
entspannen kann. Außerdem mag ich Stoffe, ich sammle sie, und
es bereitet mir Vergnügen, sie für die Quilt zusammenzustellen
und mir passende Muster auszudenken.

Verkaufen oder verschenken Sie Ihre fertigen Werke?

Zwei habe ich an eine Nichte und an einen Neffen verschenkt,
einen hat mein Mann in seiner Berliner Wohnung, einige haben
wir über unseren Betten und Tischen, und der Rest liegt zusam-
mengerollt in einer Ecke.
Wollen Sie einen kaufen?

Ich weiß nicht recht... Zur Handarbeit passt Gesang. Sie hatten
früher Gesangsstunden genommen, dann aber aus Zeitgründen
damit aufgehört. Jetzt haben Sie ja wieder Zeit und Muße.

Nun ist es erstens ein bisschen zu spät und zweitens ist der ur-
sprüngliche Zweck erfüllt. Ich habe bei einem bedeutenden
Kieler Sänger Gesangsunterricht genommen, aber nicht, weil
ich eine Karriere am Theater anstrebte, sondern eher aus the-
rapeutischen Gründen. Wie nicht zu überhören ist, rede ich zu
schnell. Um Atemtechnik und Stimmkontrolle zu lernen, bin ich
nicht in ein Sprachinstitut gegangen, sondern ich habe eine klas-
sische Gesangsausbildung absolviert. Zehn Jahre lang. Da habe
ich gelernt, die Stimme herunterzunehmen, richtig zu atmen, die
Stimmbänder zu schonen und nicht die Luft rauszupressen. Das
hat mir richtig Spaß gemacht, und es hat auch geholfen. Meine
Stimme hat sich verbessert.

Als ich Ministerpräsidentin wurde, war oft nur morgens um 9 Uhr ein Termin frei, und wer morgens um diese Zeit singen kann, den bewundere ich. Ich kann es jedenfalls nicht, und daher habe ich den Unterricht allmählich beendet.

Sie haben aber weiter Klavier gespielt. Es heißt, Sie hätten sogar im Büro Klavierstunden genommen.

Nein, nicht im Büro, im Gästehaus der Landesregierung. Dort stand ein Flügel. Den hatte ich besorgt.

Das heißt gekauft?

Nein, dafür war kein Geld vorhanden, das hätte außerdem Ärger gegeben. Ich hatte immer schon Ausschau nach einem Klavier gehalten, weil man das für die kleinen Feierstunden im Gästehaus benötigt. Eines Tages erhielt ich den Tipp, dass es bei der Stiftung Stettin einen Flügel gab, den das Land einst bezahlt hatte. Die Stiftung war nach Stettin umgezogen, und der Flügel war herrenlos in Kiel zurückgeblieben. Den holten wir daraufhin ab.

Und somit konnten Sie musizieren. Etwa während der Dienstzeit?

Sie wittern wohl einen Skandal. Nein, natürlich nur in der Mittagspause und nach Dienstschluss. Meine Klavierlehrerin wohnte in Kiel, ich in Bordesholm, da musste die arme Frau nicht extra weit fahren. Aber allzu oft hatte ich keine Zeit für den Unterricht.

Haben Sie vor oder nach wichtigen Entscheidungen oder wenn Sie Ärger hatten etwas Mozart oder Chopin gespielt?

Chopin kann ich gar nicht, nur Mozart, ein bisschen Grieg und Beethoven, dazu die eine oder andere Bach-Kantate. Ich habe erst mit 40 Jahren, also sehr spät, mit dem Klavierspiel angefangen. Eigentlich wollte ich schon mit 30 spielen lernen, doch da hieß es: hat keinen Zweck, viel zu alt.

Es war nicht so, dass es in der Staatskanzlei hieß: Vorsicht, dicke Luft, die Chefin spielt Beethoven?

(Lacht) Nein. Ob Sie es glauben oder nicht, ich leide kaum unter Stimmungsschwankungen. Ich habe nahezu nie schlechte Laune. Selbst dann nicht, wenn ich wütend werde. Das mag merkwürdig klingen, ist aber so.

Haben Sie das Spielen inzwischen aufgegeben? Ich sehe kein Klavier.

Dort hinten im Durchgangszimmer steht ein Stutzflügel, auf dem ich regelmäßig spiele.

Was ist ein Stutzflügel?

Wenn man Flügel stutzt, dann haben sie nicht mehr die Originalgröße.

Wurde ein Stückchen abgesägt?

Banause.
Die Geschichte, wie ich zu dem Flügel gekommen bin, ist kurios. Bei meinem schon erwähnten Besuch in Tallin besichtigte ich einen Betrieb, der Klaviere herstellte. Dort erzählte ich natürlich, dass ich Klavier spiele. Wochen später fragte ein Mitarbeiter des Unternehmens an, ob ich Interesse an einem Flügel hätte. Man habe das Stück auf der Musikinstrumentenmesse in Frankfurt ausgestellt, der Rücktransport würde ziemlich teuer, man werde mir einen guten Preis machen. Ich war einverstanden.
Zwei Jahre später bekam ich wieder eine Anfrage: Der Flügel, den ich damals gekauft hatte, sei doch nicht so gut, man habe jetzt

ein besseres Modell. Ich stimmte wieder zu, verkaufte den alten Flügel, legte etwas drauf, und dort steht er, der schöne Stutzflügel aus Estland.

Bedauerlich, dass Sie nicht mit Helmut Schmidt Klavier gespielt haben. Das wäre gewiss ein schönes Album mit einem noch schöneren Cover geworden.
Helmut Schmidt hat Justus Frantz als Begleitung vorgezogen, und das war auch gut so, denn Frantz spielt viel besser als ich.

Kommen Sie neben dem Musizieren auch mehr zum Lesen als früher?

Etwas schon. Bei den langen Zugfahrten lese ich, auch im Bus

Mozart, gespielt vor Tee- und Kaffeekannen

zum Flughafen und während der Flüge. Ich habe immer ein Buch dabei. Für unterwegs packe ich etwas Leichtes ein. Wenn Sie im Zug sitzen und es kommen Leute ins Abteil, dann wandern die Ohren. Und wenn man an einem schwierigen Text sitzt, dann dauert es lange, ehe man zurückfindet. Bei Krimis geht das am einfachsten. Da kommt es nicht auf jede Zeile an.

Welche Autoren lieben Sie?

Die Schweden vor allem. Henning Mankell und Ake Edvardsen. Aber auch alles von Charles Todd. Um in Übung zu bleiben, lese ich auch englische Krimis. Sehr gefallen hat mir übrigens Carlos Ruiz Zafóns „Der Schatten des Windes".

Ich empfehle Ihnen sehr Daniel Kehlmanns „Die Vermessung der Welt". Schreiben Sie auch?

Danke für den Tipp, werde ich mir besorgen. Ich schreibe nicht mehr als notwendig und möglichst am Computer.

Kein Tagebuch?

Nein, das überlasse ich den Schriftstellern. Außerdem hätte ich zuviel Angst, dass es mir gestohlen und in der Bildzeitung abgedruckt würde.

Gehen Sie auch ins Theater?

Waren wir lange nicht. Zuletzt haben wir in Kiel „Tosca" gehört. Es war eine wunderbare Aufführung.

Und wie steht es mit der bildenden Kunst? Besuchen Sie Ausstellungen?

Sehr selten. Denn ich muss gestehen, dass ich von der bildenden Kunst zu wenig verstehe. Wenn sich Leute über Malerei unterhalten, kann ich nur sagen, das gefällt mir, oder das gefällt mir nicht. Und wenn sie vom „Meilenstein der Kunstentwicklung" schwärmen, dann sage ich: kann sein. Bei Musik ist das anders. Da springt etwas an in mir, und davon verstehe ich auch etwas, wenngleich nicht sehr viel.

Die Wände Ihrer Wohnung sind aber mit Bildern voll gehängt. Alle Stilrichtungen sind vertreten.

Wir hatten mal viel mehr, eine Zeitlang haben wir vor allem dänische Künstler gesammelt. In unserer Wohnung in Bordesholm gab es ein Treppenhaus, das hatten wir von oben bis unten voll gehängt. Hier in Kiel haben wir deutlich weniger Platz, und daher wurde vor dem Umzug viel verschenkt.

Es fällt auf, dass Sie nach Ihrer Nicht-Wiederwahl öffentliche Auftritte meiden. Warum sieht man Sie nicht mehr bei den Handballspielen des THW in der Kieler Ostseehalle, warum nicht bei der Eröffnung des von Ihnen doch so geliebten Schleswig-Holstein Musik-Festivals?

Im ersten Jahr nach meinem Ausscheiden war ich für das Eröffnungskonzert des Musikfestival nicht eingeladen. Es soll ein Versehen gewesen sein. Im Jahr darauf hatte ich eine Einladung bekommen, hatte aber keine Zeit. Bei den schleswig-holsteinischen Handballclubs war ich schon einige Male. Ich denke allerdings, es ist besser, wenn ich nicht überall als Schatten meines Amtsnachfolgers auftauche.

Bevor Sie zu einer Veranstaltung gehen, lassen Sie da prüfen, ob Ihr Nachfolger auch schon zugesagt hat?

Natürlich nicht. Ich habe keine Berührungsängste. Er hat zwar

**Gratulation, der THW ist endlich wieder
Deutscher Meister (1999)**

andere politische Vorstellungen als ich. Getan hat er mir jedoch
nichts.

*Wenn Sie mit Ihrem Mann zu einer Sportveranstaltung gehen,
etwa zum THW, bei dessen Spielen die Halle fast immer aus-
verkauft ist, müssen Sie sich dann wie andere Fans morgens um
7 Uhr an der Kasse anstellen, um Karten zu ergattern?*

Man hat mich früher gelegentlich eingeladen, und das tun einige
noch immer. Der HSV zum Beispiel. Da bin ich auch hingefah-
ren und habe in der Ehrenloge gesessen. Hat mir sehr gefallen.

*Als Sie noch Regierungschefin waren, haben sie einmal seufzend
gesagt, Sie möchten endlich wieder einmal die Möglichkeit haben, jederzeit mit Ihrem Mann ins Kino zu gehen. Jetzt können
Sie es. Tun Sie es auch?*

Wir machen es, ja. Mein Mann nimmt immer reichlich Tempotaschentücher mit, weil ich ständig heule. Außerdem leihen wir uns DVDs, um Filme zu sehen, die wir versäumt haben.

Welchen Film haben Sie zuletzt gemeinsam im Kino gesehen?

(Holt Rat bei ihrem Mann) Robert Altman's „Last Radio Show".

Haben Sie Lieblingsfilme?

Ja. „Spiel mir das Lied vom Tod" und „Casablanca".

Zwei Jahre nach Ihrem „Fall" sind Sie wieder zu einem Landes-parteitag gegangen. Ist Ihnen dieser Besuch schwer gefallen?

Ja. Ich habe zunächst gefragt, ob ich die Einzige bin, die von den Ehemaligen erwartet wird. Als ich erfuhr, dass auch die ehe-malige Kultusministerin Marianne Tidick und Ex-Innenminister Hans-Peter Bull kommen werden, da habe ich zugesagt. Schließ-lich ging es mit der Wahl unseres neuen Landesvorsitzenden Ralf Stegner um einen Neuanfang der Landespartei.

Sind Sie freundlich empfangen worden?

Sehr freundlich. Die Partei hat nichts gegen mich, und ich habe nichts gegen die Partei.

Nach dem Wahldebakel hörte man es anders.

Damals habe ich in der Tat daran gedacht, die SPD zu verlassen. Mein Mann hat mich davor bewahrt. Die Partei habe ja wirk-lich keine Schuld an der Geschichte, hat er gesagt und natürlich Recht gehabt. Gehorsam bin ich also Mitglied geblieben. Für mich war allerdings klar, dass ich nach dem Verlust des Amtes auch mein Mandat im Kieler Landtag niederlegen würde. Sollte ich etwa – wie Helmut Kohl – in der letzten Reihe sitzen, wo mich alle beobachten und sich fragen würden: Na, wann redet sie denn nun zum ersten Mal wieder. So etwas ist nicht meine Vorstellung von einem Mandat, so etwas wollte ich mir nicht antun.

Einmal angenommen, Sie erhielten erneut die Chance, ein hohes politisches Amt anzunehmen. Würden Sie rückfällig werden und ja sagen?

Nein, ganz bestimmt nicht. Man wird doch nicht jünger. Außerdem bin ich inzwischen noch ungeduldiger als ich schon immer war. Das ist offenbar ebenfalls eine Folge des Alters oder sagen wir, der Jahre. Ich gestehe auch, dass die Niederlage vom 17. April bei mir Spuren hinterlassen hat. Ich hätte nicht mehr den Biss, den sie an der Spitze einer Regierung unbedingt benötigen. Deshalb ist es besser, ich bleibe bei UNICEF. Da habe ich auch mit Politik zu tun, da kann ich etwas gestalten und etwas erreichen, und ich bin ausgesprochen motiviert.

Wenn in Deutschland ein Regierungschef aus seinem Amt scheidet, ist eine spätere Rückkehr in das gleiche oder auch in ein ähnliches politisches Amt nicht üblich. Woran liegt das? In anderen Ländern, etwa in Italien, wird ein ehemaliger Ministerpräsident Außenminister und gleich mehrfach erneut Regierungschef. Warum ist so etwas in Deutschland nicht möglich?

In Amerika gilt nicht nur für den Sport, sondern auch für die Politik der Satz: „They never come back". Von Ausnahmen abgesehen trifft diese Erkenntnis auch in den Ländern zu, in denen die Fluktuation beim politischen Personal nicht allzu groß ist. In Italien ist das etwas anders. Dort wechseln die Regierungen beinahe im Jahrestakt, da müssen die ehemaligen Kabinettsmitglieder wieder verwendet werden, weil anderenfalls akute Personalnot ausbrechen würde.

In Skandinavien treten Regierungschefs auch zurück und kommen als Minister wieder.

Ja, stimmt.

Ich könnte das nicht, würde mich dabei einfach nicht wohlfühlen, denn natürlich sagen die Leute zu Recht: Sieh da, jetzt meckert sie, dabei hätte sie es doch richten können als sie an der Macht war.

Was halten Sie von der Idee, dass sehr erfahrene ältere Staatsmänner und -frauen, die sich schon lange aus der Politik zurückgezogen haben, Kurse anbieten, in denen sie Ratschläge geben, wie der Verlust der Macht bewältigt werden kann.
Was wären dann die wichtigsten Empfehlungen?

Bestimmt interessanter wäre ein Kurs, in dem von Experten verraten wird, wie man an die Macht kommt und sie möglichst lange behält. Was meinen Rat für die Bewältigung des Machtverlustes betrifft, so gilt auch hier die alte Volksweisheit, dass die Zeit alle Wunden heilt, das heißt auch den Schmerz, die Betäubung und die Wut.

Wichtig ist, dass man schon während des Machtbesitzes an das Ende denkt. Man sollte sich rechtzeitig überlegen, was man dann macht. Ich habe schon während meiner Amtszeit immer wieder gesagt: Wenn es mit der Politik eines Tages vorbei ist, dann mache ich was in der Entwicklungshilfe. Und genau dort bin ich nun auch gelandet.

Ich hatte übrigens nicht nur ein Angebot von UNICEF, sondern hätte auch beim Senior Expert Service (SES) einsteigen können. Das ist eine Organisation ehemals leitender Manager und Politiker, die im In- und Ausland beraten, etwa wenn jemand einen Betrieb aufmachen oder nach Deutschland exportieren will. Ich hätte für SES zum Beispiel nach Afghanistan gehen können, um beim Aufbau einer Frauen-Kooperative zu helfen.

Jetzt, da Sie keine Wohltaten mehr zu vergeben haben, wie ge-
staltet sich das Verhältnis zu alten Weggefährten aus der SPD?
Sind möglicherweise einige, die Ihnen früher dreimal am Tag die
Hand geküsst haben, abgetaucht?
Oder legen vielleicht auch Sie selbst nicht mehr so sehr viel Wert
auf innerparteiliche Kontaktpflege?

Es gibt alte Bekannte, die sich jetzt, da ich kein Amt mehr habe,
auch nicht mehr melden. Aus welchen Gründen auch immer. So
etwas sollte man aber vorher wissen. Dann trifft es einen nicht
so hart. Ich vermute, bei Journalisten ist es nicht viel anders. Der
Redakteur wird nicht eingeladen und umgarnt, weil er so furchtbar nett ist. Sondern gefragt ist die hinter der Person stehende
Zeitung oder der Sender.

Und Ihre Kontaktpflege mit der SPD?

Da sollte man vorsichtig sein und sich zurücknehmen. Als ich
auf dem jüngsten SPD-Landesparteitag miterlebte, wie der neue
Landesvorsitzende Ralf Stegner zum Nachfolger von Klaus Möl-
ler gewählt wurde, da zuckte es mir schon wieder in den Fin-
gern, und beinahe hätte ich mich zu Wort gemeldet. Um Gottes
Willen, Heide, habe ich gedacht, mach das nicht. Und damit
ich nicht doch noch schwach wurde, bin ich ganz schnell nach
Hause gegangen.

Warum haben Sie eigentlich nie den Landesvorsitz in der schles-
wig-holsteinischen Landes-SPD angestrebt, sondern diese Auf-
gabe eher schwachen Männern überlassen?

Wenn Sie diesen Posten ernsthaft ausfüllen wollen, dann müssen
Sie Zeit haben, die ich als Ministerpräsidentin nicht hatte. Ich
hatte wahrlich genug zu tun und konnte abends nicht noch die
Ortsvereine abklappern.

Turteln mit Udo im Kieler Schrevenpark (2007)

Sind Sie von der Partei gedrängt worden, den Vorsitz zu über-
nehmen?

Ja, einmal, als der Vorsitzende Franz Thönnes seine Wiederwahl
nicht annahm, weil er ohne Gegenkandidaten nur knapp über
50 Prozent der Stimmen erhalten hatte.

Statt Politik nun trautes Heim

Ähnlich wie in der Filmbranche gibt es auch in der Politik reich-
lich Eheprobleme. Sie nähern sich dagegen mit Ihrem Mann all-
mählich dem Fest der goldenen Hochzeit. Worauf ist die Haltbar-
keit zurückzuführen? Weil Sie vorwiegend eine Fern-Ehe geführt
haben?

Bis zur „Goldenen" dauert es noch ein bisschen, genauer gesagt
zehn Jahre, und die Fernehe hat durchaus Vorteile. Mein Mann
braucht unbedingte Ruhe, um arbeiten zu können. So wie die
meisten Wissenschaftler oder auch Schriftsteller. Ihm geht nichts
so sehr auf den Keks, als wenn ich dauernd in sein Arbeitszimmer komme und sage: „Schätzchen kannst du mal", oder „hörst
du mal". Und so wie ich seine Beschäftigung mit Umweltfragen
akzeptiere, so würdigt er, dass ich mich in die Politik gestürzt
habe.
Natürlich herrschte zwischen uns nicht ständig eitel Sonnen-
schein. Manchmal hat es auch ordentlich gerappelt. Aber das
halte ich für völlig natürlich, und an eine Trennung haben wir in
40 Jahren nie wirklich gedacht.

Mussten Sie auch den Umgang mit Ihrem Mann nach dem Aus-
scheiden aus der Politik neu lernen? Früher regierten Sie in Kiel

und er forschte in Berlin. Man traf sich am Wochenende oder in den Ferien. Und nun sehen Sie sich täglich. Denn Ihr Mann ist auch Pensionär. Knirscht es da öfter oder weniger? Sie haben bereits früher eingeräumt, dass die Beziehung zwischen Ihnen und Ihrem Mann von Anfang an durchaus spannungsvoll gewesen ist.

Wenn zwei Dickköpfe aufeinander treffen, dann knallt es wie gesagt schon einmal oder auch öfter. Wir sitzen aber auch jetzt nicht jeden Tag aufeinander. Udo ist mit seinen umwelt- und klimapolitischen Fragen oft in der Weltgeschichte unterwegs, und ich bin für UNICEF mal in Indien, dann in Vietnam oder Kambodscha. Da stellt schon heute der eine dem anderen die Frage, ob man sich in den nächsten vierzehn Tagen möglicherweise zu Gesicht bekommen könnte. Ein Umlernen in unserer Beziehung ist zurzeit noch nicht erforderlich. Womit wir beide ausgesprochen zufrieden sind.

Sie würden Ihren Udo glatt noch einmal heiraten?

Was für eine Frage. Noch heute Nachmittag würde ich ihn wieder fragen, ob er mich heiraten will. Und ich bin sicher, wie vor 40 Jahren würde er nach wissenschaftlich üblicher Überlegungszeit zustimmen.

Ihr Mann ist Wissenschaftler, hat grundlegende Bücher über Umweltökonomie und -politik geschrieben. Hat er Sie damit in Ihrem politischen Denken in irgendeiner Form beeinflusst?

Ich habe seine Hilfe sehr gerne in Anspruch genommen, wenn es um Fakten, Daten und Einschätzungen ging. Ohne es immer zu merken, bin ich dadurch viel früher als andere auf Probleme aufmerksam geworden. Er war beispielsweise in einem Komitee der Vereinten Nationen tätig, das sich mit den Themen Klimawandel und Wasserprobleme beschäftigte. Darüber hat er mir viel erzählt und natürlich den mahnenden Rat gegeben, es könnte nicht schaden, wenn ich mich mit diesen Problemen im Rahmen meiner Möglichkeiten befassen würde. Wie das so meine ungeduldige Art ist, habe ich zwar schon einmal geantwortet, ich müsse jetzt erst einmal zum Grünkohlessen der örtlichen Unternehmer, aber insgeheim habe ich über seine Anregungen dann doch nachgedacht.

Haben Sie einmal eines seiner Bücher nicht nur zu Ende gelesen, sondern auch ganz und gar verstanden?

(Lacht) Ehrlich gesagt, ich habe vieles gelesen, aber bei weitem nicht alles verstanden. Schon seine Doktorarbeit über die Entwicklungspolitik Chinas in der Ära des Großen Vorsitzenden Mao Tse Tung ist nicht gerade leichte Kost, die man während einer Bahnfahrt zu sich nehmen kann.

In einem Interview hat Ihr Mann einmal mit erfreulicher Offenheit gestanden, dass ihm Politiker suspekt sind. Er hält sie für oberflächlich, weil sie von einem Thema zum anderen springen. Da hat er doch bestimmt nicht ganz unrecht.

Mit dieser Ansicht hat er sogar sehr Recht. Dennoch muss ich die Politiker verteidigen. Sie können sich nicht wie ein Wissenschaftler jahrelang mit einem Thema befassen, sondern müssen über alle aktuellen Fragen einigermaßen Bescheid wissen. Wenn Sie ein Mikrophon vor den Mund gehalten bekommen und auf eine Frage antworten sollen, dann können Sie nicht sagen: Tut mir leid, über dieses Thema weiß ich noch nicht so richtig Bescheid. Kommen Sie bitte in vierzehn Tagen wieder, dann habe ich mich eingearbeitet. Das finden Publikum und Journalisten beim ersten Mal vielleicht ganz witzig. Wenn Sie es häufiger machen, heißt es: Die hat keine Ahnung und schwupps sind Sie weg vom Fenster. Im Wahlkreis ist es ähnlich. Wenn Sie nach der Rentenreform oder nach Hartz IV gefragt werden, dann müssen sie Antworten geben, die nicht nur richtig, sondern auch verständlich sind. Die Leute merken durchaus, wenn jemand vor ihnen steht und redet, aber im Grunde genommen nicht viel Ahnung hat. Dann kann ihr Publikum richtig wütend werden.

Zum Komplex Familie gehören auch vierbeinige Mitbewohner. Was halten Sie von Haustieren?

Ich hätte gerne wieder einen Hund – und würde ihn dann vielleicht „Kerl" nennen. Die Frage ist nur: Wer passt auf ihn auf, wenn wir nicht zu Hause sind. Wenn wir da sind, wäre es kein Problem. Vor der Tür haben wir einen schönen großen Park, dort könnte ich mit ihm spazieren gehen. Obwohl ich vor großen Hunden mächtig Angst habe.

Welche Rasse würde Ihnen gefallen?

Einen Beagle hätte ich gerne. Die haben so etwas Beruhigendes und Treues.

Hatten Sie schon einmal einen Hund?

Ja, in Afrika. Das war eine Mischung aus Jack Russell und Dackel, der auf den Namen „Kerlchen" hörte. Der ist uns sozusagen zugelaufen. Das heißt, er konnte noch gar nicht richtig laufen. Ein kleiner Junge stand plötzlich vor unserer Haustür mit einem winzigen Wesen in den Händen. Ein Geschenk für Madame, sagte er nur, und da konnte ich einfach nicht nein sagen. Wir haben ihn mitgenommen nach Deutschland und vor unserem Aufenthalt in Japan beim Opa im Westerwald in Pflege gegeben. Der hat ihn dann nach unserer Rückkehr nicht wieder rausgerückt.

Eine Katze würde sich auf Ihren Quilts auch sehr wohl fühlen.

Lieber nicht. Katzen, die hier in der Wohnung alleine sind? Nein, das würde mir nicht gefallen.

Beim Thema Hund, denke ich an einen Ihrer Amtsvorgänger als schleswig-holsteinischer Finanzminister, der seinen Boxer auf den Namen „Gauner" getauft hatte. Den führte er nach seinem Abschied aus der Politik gerne um sein altes Ministerium, und wenn der Hund weggelaufen war, rief der Ex-Minister „Gauner". Leute, die das hörten, vermuteten, er meine seine früheren Kollegen. Das Auffallende an dem ehemaligen Minister war, dass er schon kurz nach seinem Dienst-Ende nicht mehr die geringste Ahnung von den Landesfinanzen hatte. Wissen Sie noch, wie hoch in etwa der Etat ist?

Dank an Günter Wand und das NDR-Sinfonieorchester nach Eröffnung des Schleswig-Holstein Musikfestivals.

(Überlegt) Mit geht es fast ähnlich. Wir haben ja jetzt einen Doppelhaushalt. 13 Milliarden würde ich schätzen. Nein, es müsste mehr sein. Vielleicht 20 Milliarden.

Knapp daneben ist auch vorbei. Es sind 17 Milliarden Euro. Ich gestehe, dass ich nachgesehen habe.

In Pakistan

Kapitel 5

Eine neue Aufgabe

Damit er ja nicht vergessen wird, liegt auf dem Tisch bereits der Reisepass. In zwei Tagen fliegt Heide Simonis in ihrer Eigenschaft als UNICEF-Vorsitzende mit einer international besetzten Delegation nach Kambodscha. Zwölf Stunden Flug und 14 Tage volles Programm stehen ihr bevor. Es wird gewiss keine Vergnügungsreise, denn das Thema heißt Aids. Die UNICEF-Mitarbeiter aus Deutschland und Spanien wollen sich darüber informieren, wie Großeltern geholfen werden kann, die Kinder erziehen, nachdem deren Mütter an Aids gestorben sind. Nach den Besuchen in Indien und Vietnam steht Heide Simonis erneut ein Kulturschock bevor.

Stundenlang hat sie nun Fragen beantwortet, ein auch nur ähnlich umfangreiches Interview noch nie gegeben. Zum Abschluss führt sie durch die große Wohnung mit den hohen, Stuck verzierten Decken. Es gibt keine einzige Wand, die nicht ausgenutzt ist: Im Arbeitsbereich des Gatten mit Büchern aus der Wissenschaft, im Reich der Hausherrin mit der Beute, die sie auf Flohmärkten im In- und Ausland gemacht hat. Hunderte von Vasen, Töpfen, Tassen und allen nur denkbaren Behältnissen. In der Küche reichen die Kaffeekannen bis zur Decke, die Sammlung mit bunten Lockenten wurde aus Kostengründen nicht fortgesetzt, und wo immer noch ein wenige Platz ist, hängen Bilder, viel Modernes, dazu viel ländliche Idylle. Das eigene Portrait hat ein schleswig-holsteinischer Künstler angefertigt, mit der Mundpartie ist sie nicht ganz einverstanden.

Das eigene Arbeitszimmer ist durch zwei Räume von dem des Gatten getrennt. Aus einem wichtigen Grund: Heide Simonis hört gerne Musik, die den Professor bei der Arbeit stört.

Als sie bei der Suche nach einer Nachricht ihren Computer einschaltet, sind bereits 29 Emails aufgelaufen, und die letzte Interview-Runde musste auf den Abend verlegt werden, weil der Terminkalender keine andere Zeit zuließ.

Alles spricht dafür, dass Heide Simonis mit ihrer neuen Aufgabe reichlich Ersatz für ihr früheres politisches Leben gefunden hat.

Wenn Sie sagen, Sie seien jetzt bei UNICEF, dann wagt nur selten jemand zu fragen, was das eigentlich ist. Gibt es eine große Zentrale, gibt es viele Mitarbeiter und vor allem: Was macht UNICEF?

Die internationale Zentrale von UNICEF ist in New York, direkt beim Zentrum der Vereinten Nationen.

Auf Werbetour

Waren Sie dort schon einmal?

Ja, im vergangenen Jahr, und ich war sehr beeindruckt. Die für Deutschland zuständige Zentrale ist in Köln. Dort sind je nach Arbeitsaufkommen bis zu 120 Mitarbeiter beschäftigt. Ihre aktuelle Zahl hängt von den Hilfsaktionen ab. Nach der Tsunami-Katastrophe beispielsweise war die Einstellung zusätzlicher Kräfte notwendig.

Und was ist die Aufgabe von UNICEF?

Allgemein gesagt: Kindern in den Entwicklungsländern zu helfen. Das geschieht aber auf sehr unterschiedlichen Wegen. „Schulen für Afrika" heißt zum Beispiel ein Projekt. Es sieht vor, dass in den Dörfern von sechs Ländern einfache Schulen eingerichtet werden. Wir wollen verhindern, dass zwölf- oder schon zehnjährige Jungen als Kindersoldaten missbraucht werden. Eine weitere Aktion befasst sich mit der Bekämpfung von Aids. Nicht nur bei Kindern, sondern auch schon bei Müttern. Es gibt ein weiteres großes Projekt, das dafür sorgt, dass Mütter Zusatznahrung erhalten und geimpft werden.

Und was ist die Aufgabe von UNICEF Deutschland, also von Ihnen?

Ich muss aufklären, Geld sammeln, Kontakte knüpfen, beziehungsweise pflegen. Kontakte zum Ministerium für Entwicklungszusammenarbeit und zum Auswärtigen Amt, zu anderen Hilfsorganisationen, wie Rotes Kreuz, Caritas, Diakonie, Ärzte ohne Grenzen.

Die Hauptsache ist aber doch wohl das Geld. Ist die Spendenfreudigkeit in Deutschland groß?

In Afghanistan

Ja, sehr. Pro Jahr sammelt UNICEF in Deutschland im Durchschnitt mehr als 90 Millionen Euro. Das ist ein erstaunlich hoher Betrag. UNICEF hat einen guten Ruf, der im Laufe von Jahrzehnten gewachsen ist. Diese Kinderhilfsorganisation gibt es nämlich schon seit Ende des Zweiten Weltkrieges. Und die heute 60- bis 70-Jährigen ahnen gar nicht, dass auch sie von UNICEF profitiert haben.

In welcher Form?

Zum Beispiel durch die Schulspeisung mit Lebertran.

Mit diesem Hinweis machen Sie keine Werbung für UNICEF. Mir wird noch heute schlecht, wenn ich an die grauenvoll schmeckende ölige Substanz denke.

Aber das Zeug ist sehr gesund, und Sie wissen doch, Medizin schmeckt meistens schlecht.

Haben Sie als UNICEF-Vorsitzende auch Einfluss auf die Projekte, oder wird darüber allein in der New Yorker Zentrale entschieden, und Sie dürfen nur die Spenden sammeln?

UNICEF Deutschland kann Projekte aktiv mitgestalten. Das ist beispielsweise bei der Aktion „Schulen für Afrika" geschehen. Die hat zunächst der Hamburger Reeder Peter Krämer angestoßen. Danach haben wir unsere Vorschläge an die Zentrale in New York gemeldet, denn es war klar, dass wir dafür die Hilfe anderer nationaler Komitees brauchten. Die Engländer haben mitgemacht, die Spanier und die Italiener. Jedes Land kann nämlich entscheiden, wo und bei welchem Projekt es sich engagieren will. UNICEF Deutschland konzentriert sich bisher vor allem auf Afrika und Südostasien. Ein neuer Schwerpunkt wird Südosteuropa. Dort kümmern wir uns beispielsweise um obdachlose Kinder und HIV-Erkrankte.

Haben Sie bei dieser neuen Aufgabe etwas erfahren, das Sie vorher als Politikerin nicht wussten?

Oh, ja. Wenn man die Augen aufmacht, lernt man immer Neues dazu. Alleine durch die Reisen.
Es gibt aber auch viele Gemeinsamkeiten mit der Politik. Ich muss jetzt wieder für etwas werben, nur nicht für politische Ziele im eigenen Land, sondern für humanitäre Hilfe im Ausland. Und ähnlich wie in der Politik kommen Erfolge nur dann zustande, wenn viele mitmachen. Es sind Menschen, die sich gewaltig engagieren – in Deutschland allein 8000 an der Zahl. Sie gehen in die Schulen und erläutern die geplanten Aktionen, sie berichten, was in Pakistan los ist, wo Kinder bei Minustemperaturen barfuß im Schnee laufen.

Es ist für Sie gewiss angenehmer, auf internationaler Bühne tätig zu sein als sich in Schleswig-Holstein mit Landwirten, Lehrern und Parteifreunden herumzuschlagen.

Nein, nicht so. Es ist vielmehr ganz anders. Und ich gebe zu, es ist manchmal auch angenehmer. Ich reise viel, das ist zwar anstrengend, bereitet mir aber auch Vergnügen. Statt immer nur nach Berlin mit dem Zug oder dem Auto zu fahren, fliege ich jetzt auch nach Indien oder Kambodscha. Und ich habe mit Menschen zu tun, die ich früher nur auf Empfängen erlebt habe, mit Botschaftern, Schauspielern, berühmten Sängern. Alles Leute, die für UNICEF oder andere Hilfsorganisationen tätig sind. Zwar bin ich während meiner politischen Tätigkeit auch immer mal wieder ins Ausland gereist, aber dann landen Sie in den Hauptstädten und sind in feinen Hotels untergebracht. Jetzt fahren wir in die Provinz, sehen uns Projekte im ländlichen Raum an und gehen in die Slums.

Ist sichergestellt, dass das von UNICEF gesammelte Geld wirklich dort ankommt, wo es so dringend gebraucht wird oder finanzieren Sie möglicherweise die goldenen Wasserhähne irgendeines Despoten?

Ich kann sagen: Das meiste Geld erreicht sein richtiges Ziel. Dort, wo gekämpft wird, wie im Kongo, in Somalia, in Darfour, in Afghanistan, da wissen wir nicht ganz genau, welcher War-Lord etwas abzweigt. Das gilt nicht nur für Geld, sondern auch für Warensendungen. Unsere Mitarbeiter müssen dann an Ort und Stelle entscheiden, was zu tun ist. Ich vertrete den Standpunkt: Man kann nicht die Hilfe für ein ganzes Land einstellen, nur weil vereinzelt Missbrauch nicht auszuschließen ist.

Sie haben das Amt als Vorsitzende zu einem brisanten Zeitpunkt übernommen. Ein Bericht hat gerade festgestellt, dass deutsche

Kinder von ihren Eltern besonders stark vernachlässigt werden. War das eine überraschende Erkenntnis? Sollte vielleicht mehr von den Spenden in Deutschland eingesetzt werden als in der Dritten Welt?

Unsere Satzung verbietet es, die in einem entwickelten, also als reich geltenden Land wie Deutschland gesammelten Gelder dort wieder auszugeben. Die Vereinten Nationen gehen nämlich davon aus, dass diese Länder selber dafür sorgen können, dass Kinder nicht in Not geraten.

Eine zu optimistische Einschätzung, wie sich gerade einmal wieder gezeigt hat.

Für einige Bereiche ja, das ist wohl wahr. Eine generelle Aufgabe von UNICEF besteht darin, dafür zu sorgen, dass in allen Ländern die Kinderrechtskonvention verwirklicht wird. Dazu gehört das Recht auf Bildung, auf Gesundheit, auf Freizeit und auf elterliche Fürsorge. Das sind Rechte, keine Geschenke, die gegeben oder eben nicht gegeben werden. Es sind Rechte.

Eine von UNICEF in Auftrag gegebene Untersuchung, die zwei Jahre gedauert hat, hat nun zu Tage gebracht, dass in Deutschland einige dieser Rechte nicht gewährt werden. Im materiellen Bereich ist die Situation einigermaßen erträglich, ganz schlecht schneidet Deutschland im internationalen Vergleich jedoch bei den immateriellen Rechten ab. Fast 50 Prozent der befragten Jugendlichen im Alter von 15 Jahren haben erklärt, ihre Eltern redeten fast nie mit ihnen. Das muss man sich einmal vorstellen. Ich empfinde dieses Ergebnis der Studie als geradezu unglaublich.

Nicht minder erschreckend ist die Aussage, dass 30 Prozent unserer Kinder ohne Frühstück in die Schule gehen. Und es gibt noch eine ganze Reihe anderer Horrorzahlen.

In Angola

Und ähnlich wie bei Pisa nimmt Deutschland dann zumindest in Europa erneut einen Platz in der unteren Tabellenhälfte ein.

So ist es. Die besten Punkte haben dagegen Holland, Frankreich und die skandinavischen Länder erhalten.

Gott sei Dank, muss ich sagen, wurde die Diskussion um dieses betrübliche Thema durch die Familienministerin auf die politische Tagesordnung gesetzt, anderenfalls hätte es noch geheißen: „Was mischt sich UNICEF in innerdeutsche Angelegenheiten ein".

Da die Familienministerin das Thema Kinderbetreuung zu ihrem politischen Programm gemacht hat, kann Ihre eigene Partei nur noch hinterherlaufen. Muss dadurch nicht Ihre persönliche Sympathie für die CDU wachsen?

(Lacht.) Nur weil die einmal etwas Gescheites machen, werde ich doch nicht gleich CDU-Mitglied. Frau von der Leyen hat immerhin eingeräumt, dass sie Vorhaben übernommen hat, die ihre sozialdemokratische Vorgängerin Renate Schmidt erarbeitet hatte. Und Frau Schmidt ist erfreut darüber, dass weitergeführt wird, was sie begonnen hat. In einem wichtigen gesellschaftspolitischen Bereich herrscht zwischen CDU und SPD somit endlich einmal Übereinstimmung.

Jugend, Familie, Erziehung, Ernährung. Das sind in der Politik „weiche" Themen, mit denen Sie sich am Anfang Ihrer Karriere auf keinen Fall beschäftigen wollten. Und jetzt ist das bei UNICEF Ihr Hauptarbeitsgebiet.

In 35 Jahren ändert sich nun einmal sehr viel. Und zu diesen Veränderungen gehört, dass aus weichen sehr harte Themen geworden sind. Als ich in die Politik einstieg, war die Diskussion über die Betreuung von Kindern reine Frauensache. Heute ist daraus ein wichtiger gesellschaftlicher Aspekt geworden. Und wie wir gerade erleben, beschäftigen sich die männlichen Kollegen ausgesprochen lebhaft mit dieser Problematik.

Man hat den Eindruck, dass Sie als UNICEF-Vorsitzende in den überregionalen Medien, einschließlich Tagesschau und Heute-Journal, eine deutlich größere Resonanz haben als in Ihren politischen Zeiten, natürlich abgesehen von Ihrem Wahl-Debakel.

Der Eindruck ist richtig, und natürlich habe ich überhaupt nichts dagegen. Ich bin jetzt nur noch parteiisch für die Kinder in Entwicklungsländern. Und damit spreche ich viele Leute an, die sich früher mit meiner Parteiarbeit nicht identifizieren konnten. Ich bin also, wenn Sie so wollen, eindeutig populärer geworden. Und das ist auch gut so. Ich genieße es.

„Alles mit Gott"

Nun arbeitet UNICEF nicht nur parteiübergreifend, sondern ist auch konfessionell nicht festgelegt. In dieser Hinsicht sind Sie die ideale Besetzung, denn Sie gehören keiner Kirche an. Warum sind Sie ausgetreten? Glauben Sie nicht an Gott, oder wollen Sie Steuern sparen?

Das Geld war es nicht, es kam anderes zusammen. Ich habe sozusagen eine religiöse Zickzackfahrt hinter mir. Sie begann damit, dass meine katholische Mutter einen protestantischen Mann heiratete und daraufhin postwendend aus der Kirche hinausflog. Wahrscheinlich aus Rache ließ sie uns Kinder evangelisch taufen, anschließend aber katholisch erziehen. Ich wurde in ein katholisches Kinderheim gesteckt, das strenggläubige Nonnen, es waren Ursulinen, leiteten. Wir lebten damals noch in Bonn, und da war alles katholisch, wohin man auch blickte, Kindergarten, Volksschule, Gymnasium.

Mit der Versetzung meines Vaters an die Bundesanstalt für Arbeit zogen wir nach Nürnberg. Dort war plötzlich alles evangelisch. Auch das Gymnasium, das ich besuchte. Nachdem ich die beiden Glaubensrichtungen nun bestens kennengelernt hatte, wollte ich mich ganz von ihnen verabschieden. Mein Vater aber dachte praktisch und erinnerte mich daran, dass man mit einer Eins in Religion eine Fünf in einem Hauptfach ausgleichen konnte. Die Fünf habe ich zwar nicht geschafft, schon gar nicht in Mathe, wie mein Vater befürchtet hatte, aber die Eins in Religion erreichte ich. Wozu allerdings auch nicht so viel gehörte.

Nach diesem Erfolgserlebnis hätten Sie doch erst recht Kirchenmitglied bleiben müssen.

Nein, was ich da vor allem im Rheinland erlebt hatte, stieß mich ab. Kurz nach der Eheschließung bin ich ausgetreten.

Da lebten Sie ja aber schon im protestantischen Norden, wo die religiöse Welt noch in Ordnung ist.

Die Kirche hatte mich schlichtweg enttäuscht, um es sehr wohlwollend zu formulieren. Dieser rheinische Klüngel, den muss man erlebt haben. Junge Frauen, die ein Kind bekommen hatten, mussten anschließend wieder eingesegnet werden. Als ob sie eine Todsünde begangen hätten. Die katholische Kirche war allgegenwärtig. Sie gab Wahlempfehlungen, mischte sich in alle nur denkbaren Alltagsfragen ein.

Hinzu kam ein ausgeprägtes Proporzdenken, und zwar nach dem Muster: Der Pförtner ist evangelisch, der Chef natürlich katholisch.

Sie sprechen von Ihren schlechten Erfahrungen in der Vergangenheit. Hat sich die Kirche seither verändert, vielleicht sogar verbessert?

Ich erkenne an, dass sich die Kirche inzwischen mehr um die Menschen kümmert, die am Rande der Gesellschaft stehen, die gestrauchelt sind. Die Kirche ist auch nicht mehr so strikt und unnachgiebig wie sie einmal war, auch wenn mancher katholische Bischof zuweilen reichlich herbe urteilt und formuliert.

Auch wenn Sie keiner Kirche angehören. Wem stehen Sie näher, den Katholiken oder den Protestanten?

Wenn man gefühlsmäßig angesprochen werden möchte, dann ist die katholische Kirche das richtige. Ich kenne außerdem noch alle Rituale, weil ich sie ja oft genug selbst mitgemacht habe. Und von Weihrauch wird mir heute noch übel.

Die evangelische Kirche ist dagegen menschlicher als die katholische. Sie bemüht sich, die Probleme der Menschen zu verstehen, die Abtreibung zum Beispiel nicht als Sünde, sondern als Not zu begreifen.

Einmal angenommen, die Mitgliedschaft in einer Kirche würde als Pflicht eingeführt. Für welche der beiden Glaubensrichtungen würden Sie sich entscheiden?

Zunächst einmal würde ich mich heftig gegen eine solche Pflicht wehren und dann die evangelische Kirche wählen. Auch deshalb, weil es dort Bischöfinnen und Pröpstinnen gibt.

Im Alter werden manche Menschen fromm. Können Sie sich vorstellen, doch noch einmal Kirchenmitglied zu werden?

Nein, ich glaube nicht.

Als Ministerpräsidentin hatten Sie häufig mit hohen Repräsentanten der Kirchen zu tun. Haben die Sie als Ungläubige angesehen oder auch einmal versucht, Sie in den Schoß der Kirche zurückzuholen?

Nein, niemals. Natürlich haben sie für ihre jeweilige Sache geworben, was aber ihr gutes Recht ist.

Wie steht Ihr Mann zu Glaubensfragen?

Er kommt aus einer Unitarier-Familie und hat eine ganz strenge Erziehung genossen.

Hat er versucht, Sie zu missionieren?

Nein, das würde er auch nicht schaffen. Im Vergleich zum Katholizismus mit seiner Farbenpracht, dem Weihrauch und Geklingel ist der Gottesdienst der Unitarier eher nüchtern und freudlos.

Gehen Sie trotz Ihrer religiösen Skepsis manchmal in die Kirche?

Ja. Zu Beginn der Legislaturperiode des Kieler Landtags gibt es stets einen ökumenischen Gottesdienst, an dem habe ich immer teilgenommen. Manches CDU-Mitglied habe ich dort vermisst. Natürlich gehe ich auch bei Hochzeiten und Beerdigungen in die Kirche. Zu Weihnachten geht nur mein Mann. Da wir gemeinsam veranlagt werden, zahle ich übrigens auch Kirchensteuern.

Genau genommen brauchen Sie ja nicht in die Gotteshäuser zu gehen, weil Sie in einem leben. Über dem Eingang Ihres Wohnhauses steht nämlich „Alles mit Gott". Dieser Spruch hat Sie offensichtlich nicht am Einzug gehindert.

Ganz im Gegenteil. Er gefällt mir und kann nur helfen.

Auf Seiten der Verlierer

Wer sein halbes Leben lang auf der politischen Bühne gestanden hat, der kann sich nicht von heute auf morgen damit begnügen, milde Gaben für hungernde Kinder zu sammeln. Und da Sie von der Bühne in den Zuschauerraum gewechselt sind, können Sie nun unbeschwert verraten, wie Ihnen das Wirken Ihrer ehemaligen Mitspieler gefällt. Konkret gefragt: Die SPD war einmal die Partei der kleinen Leute. Das ist lange vorbei, oder?

Die SPD war nicht nur die Partei der kleinen Leute, sondern auch der Intellektuellen, die die Lage der kleinen Leute verbessern wollten. Die Partei konnte damit unterschiedliche soziale Schichten binden und war mit der Forderung nach sozialer Gerechtigkeit, mehr Bildung und aktiver Demokratie auch für bürgerliche Schichten attraktiv.

Da ist viel verloren gegangen. Weil sich die Gesellschaft verändert hat. So genannte kleine Leute haben den Aufstieg geschafft, haben den Blaumann gegen den Anzug eingetauscht, und damit ist oft die Zustimmung zu „ihrer" SPD verloren gegangen. Die größte Veränderung aber hat die Globalisierung gebracht. Die „kleinen Leuten" haben das Gefühl, dass sie die Zeche zahlen müssen.

Die Folge war, dass sich links von der SPD eine neue Partei bildete, die dort ihre Wähler sucht, wo die sich von der SPD nicht mehr vertreten fühlen.

Es ist eine Partei mit eher populistischen Zielen. Da werden Dinge gefordert, die absolut unrealistisch sind, und oft genug liegen zwischen Theorie und Praxis Welten. Nur ein Beispiel: Es wird zur Zeit darüber diskutiert, ob Flüchtlingskinder, die in Deutschland ein Aufenthaltsrecht haben, schulpflichtig sind.

Die Linkspartei ist dafür, aber im Saarland gibt es für diese Kinder weder Schulrecht noch Schulpflicht. Und wer war im Saarland Ministerpräsident? Richtig, ein gewisser Oskar Lafontaine, Vorsitzender der Linkspartei.

Was halten Sie von der These, dass Hartz IV die Geburtshilfe der Linkspartei war?

Das ist was dran. Angeblich war es ein Modell, das in anderen Ländern, in Holland und Dänemark, bestens funktioniert hat. Nur, manche Dinge kann man einfach nicht importieren. In Dänemark werden Arbeitslose ganz anders behandelt als bei uns. Da wird bei der Arbeitsagentur nicht lange gefragt, wer gekündigt hat und warum, sondern da wird geprüft, was der Arbeitslose kann, welche Fortbildung er nötig hat, wo man ihn unterbringen kann. Und solange jemand arbeitswillig ist, erhält er eine relativ gute Unterstützung. Wer allerdings nicht mitmacht, der bekommt saftige Strafen aufgebrummt.

Und dieses Prinzip funktioniert. Die dänische Wirtschaft brummt und muss sich sogar Fachkräfte aus Deutschland holen.

Einiges deutet darauf hin, dass die Linkspartei in der Wählergunst kräftig zulegen wird, und zwar auf Kosten der SPD. Auf Dauer wird sich bei einer solchen Entwicklung eine rot-rote und vielleicht noch grüne Koalition nicht verhindern lassen.

Kann passieren. Die SPD muss in der Großen Koalition so viele Kröten schlucken, dass die Linken davon profitieren könnten. Aber gegen etwas mehr Grün hätte ich nichts einzuwenden – schon gar nicht angesichts unserer Erfahrungen in Schleswig-Holstein.

In Kiel gibt es eine Große Koalition, die Sie nicht wollten, in Berlin auch. Sind Sie mit beiden gleich unzufrieden?

(Lacht) Es ist in beiden Koalitionen genau das eingetreten, was ich erwartet habe: Der kleinere Partner wird entweder übersehen oder sitzt kläffend in der Ecke. Die CDU dagegen stellt in Berlin die Kanzlerin und in Kiel den Ministerpräsidenten. Beide dürfen sich in der Öffentlichkeit als die großen Macher und Staatslenker darstellen.

Und die SPD ist das Mauerblümchen, muss aber trotzdem in den Medien die Schläge dafür einstecken, dass so viel schief läuft.

Es wird immer nur gefragt: Was tut eigentlich die SPD, um dieses oder jenes Problem zu lösen? Kaum jemand fragt die CDU danach. Zumindest müsste es doch heißen: Was tun beide, um neue Programme zu entwickeln, Reformen durchzusetzen?

Zwanzig Prozent der Deutschen leben im Keller der Gesellschaft, sie sind somit Unterschicht. Muss diese Zahl nicht jeden verantwortungsvollen Politiker erschrecken?

Diese Zahl hat die politischen Führungskräfte derart erschreckt, dass sie das Problem „Prekariat" genannt haben. Das ist nun wirklich eine Unverschämtheit, darüber kann ich mich mächtig aufregen. Ich warte nur darauf, dass bei einer politischen Informationsveranstaltung im Publikum jemand aufsteht und sagt: „Entschuldigung, ich bin vom Prekariat und hätte mal folgende Frage…" Statt darüber nachzudenken, worauf es zurückzuführen ist, dass es trotz des Wirtschaftswachstums so viele Verlierer gibt, hauen wir uns Fremdwörter um die Ohren. Unglaublich. Und wenn sich dann mal jemand aufregt und fragt, warum denn viele Schulabgänger keinen Abschluss haben und viele Hauptschüler keinen Anschluss ans Berufsleben finden, dann heißt es, das sei doch eine Neiddiskussion. So ein Unsinn.

Da Sie schon einmal beim Aufregen sind: Viele Hunderttausend Menschen haben in Deutschland einen ordnungsgemäßen Arbeitsplatz, verdienen aber so wenig, dass sie Unterstützung vom Staat erhalten müssen.

Auch das ist empörend und sollte schleunigst geändert werden, etwa durch Einführung eines Mindestlohns. Jemand, der jeden Morgen zur Arbeit geht, muss sich doch wie ein Depp vorkommen, wenn er hört, dass ein anderer, der im Bett bleibt, über die „Stütze" das gleiche Geld erhält.

Ein weiteres Reizthema ist auch in Deutschland die allmähliche Einführung des gläsernen Bürgers. Es war ausgerechnet Ihr Parteifreund Otto Schily, der als Innenminister das Tor zum Überwachungsstaat geöffnet hat. Inzwischen ist es nur noch eine Frage der Zeit, bis irgend eine Behörde auch in Ihren Computer blickt, um nachzusehen, ob Sie im Alter vielleicht terroristische Gedanken entwickelt haben und nebenbei wird man aus Versehen auch noch einen Blick auf Ihr Bankkonto werfen.

Mein Bankkonto ist nicht drin, dennoch möchte ich natürlich nicht, dass jemand in meinem Computer herumschnüffelt. Bei den Bestrebungen, der Bevölkerung nach diversen terroristischen Anschlägen das Gefühl von Sicherheit zu vermitteln, ist auch hierzulande an manchen Stellen weit über das Ziel hinausgeschossen worden. Was den Parteifreund Schily betrifft, so gehört er wohl zu denjenigen, die nie einsehen, dass sie irgendwann einmal auch nur einen Fehler gemacht haben könnten.

Sein Amtsnachfolger, der Hardliner Wolfgang Schäuble, musste zurücknehmen, was Schily bei der Kontrolle von Computerdaten gebilligt hatte. Für die SPD ist das kein Ruhmesblatt.

(Lacht gequält) Das ist weiß Gott makaber genug. Offensichtlich leiden Innenminister unter der Sucht, alles hundertprozentig absichern zu müssen. Das kann gar nicht gelingen. Und je mehr der Staat den Eindruck erweckt, alles sei vollkommen sicher, desto stärker lässt die Aufmerksamkeit der Bürger nach.

Es gibt Situationen, etwa die Behandlung von Kindern, da weiß die Nachbarschaft, dass nebenan etwas falsch läuft. Statt einzugreifen, heißt es dann: Die Behörden haben uns ja versichert, sie hätten alles hundertprozentig im Griff, also wird es schon seine Ordnung haben.

Der RAF-Terror

Als Sie 1976 in den Bundestag einzogen, galten Sie als wilde, junge Linke, wollten die Welt verändern und gehörten zum Leverkusener Kreis, in dem sich linke Abgeordnete als Gegengewicht zu den konservativen Kanalarbeitern zusammengeschlossen hatten. Sie gingen in die Bundespolitik, als der Terror der RAF mit der Ermordung von Generalbundesanwalt Buback einen neuen Höhepunkt erreichte. Viele Linke, ob Politiker oder Intellektuelle, empfanden jedenfalls am Anfang des gewaltsamen Aufbegehrens gegen das Establishment eine klammheimliche Sympathie für die neue Protestbewegung. Gehörten Sie dazu?

Natürlich haben wir damals nächtelang diskutiert, aber eigentlich weniger um die Frage, wie jeder einzelne von uns zu den Terroristen steht. Es ging vor allem um politische, um gesetzgeberische Entscheidungen. Welche Gegenmaßnahmen sollen im Parlament beschlossen, welche abgelehnt werden.

Wenn ich besonders stark engagiert war und viel mitbekommen habe, dann wegen meiner Schwester Dodo. Die turnte damals auf dem äußersten linken Flügel herum und stand in Verbindung mit der Szene um die später von der Polizei erschossenen Kieler Professoren-Söhne Thomas Weissbecker und Georg von Rauch. Ich habe befürchtet, dass meine Schwester in diesen Kreis hineingezogen wird, was glücklicherweise nicht passiert ist. Manchmal fragte sie an, ob nicht dieser oder jener ihrer Bekannten bei uns übernachten könne. Als ich merkte, was das für Leute sind, haben wir es abgelehnt und galten fortan als „Scheiß-Liberale". Damals hat sich die Republik rasant verändert. Durch das oft bornierte, oft überzogene Verhalten von Politikern und die Reaktion der bürgerlichen Gesellschaft ebenso wie durch die Anmaßungen derjenigen, die sich das Recht zum Töten herausnahmen.

Wie wirkte sich der RAF-Terror auf den Alltag im Parlament aus? Fühlten Sie sich auch als einfache Abgeordnete bedroht? Gab es besonderen Schutz?

Im Bonner Abgeordnetenhochhaus, dem „Langen Eugen", standen Sicherheitskräfte mit Maschinenpistolen. Die jungen Männer waren nervös, wie wir alle. Einmal wurde sogar versehentlich geschossen, und wenn ich mich recht erinnere, wurde jemand verletzt. Überall wurde ständig kontrolliert. Am Flughafen, auf der Autobahn, am Bahnhof. Ich galt stets als verdächtig, weil ich offenbar dem neuen Bild der RAF-Frauen entsprach: Modisch gekleidet, seriöses, selbstbewusstes Auftreten. Bei einer Kontrolle am Hamburger Flughafen stand ich hinter dem CDU-Bundestagabgeordneten Erik Blumenfeld, der Auschwitz überlebt hatte. Als sich vor ihm ein Reisender wegen der Kontrolle mächtig aufregte, sagte Blumenfeld nur ganz ruhig: „Wenn das alles gewesen wäre, was man von uns im Dritten Reich verlangt hat, wir hätten gerne unsere Koffer aufgemacht." Das habe ich mir sehr zu Herzen genommen und künftig alle Kontrollen klaglos über mich ergehen lassen.

Pünktlich zum 30. Jahrestag von Siegfried Bubacks Ermordung ist das Thema RAF wieder belebt worden. Durch die Diskussion, wer den Generalbundesanwalt wirklich erschossen hat und ob nun Christian Klar, einer der wichtigsten RAF-Täter, begnadigt werden soll. Halten Sie diese Debatte für sinnvoll? Bewegt Sie diese Diskussion oder ist das für Sie Schnee von gestern?

Die Debatte halte ich für sinnvoll, denn ich glaube, es ist für die Angehörigen der Ermordeten sehr wichtig, wer die tödlichen Schüsse abgegeben hat. Es geht in erster Linie um Buback, weil sein Sohn das Thema in die Medien gebracht hat. Man sollte aber auch stets an die anderen Opfer denken, an den Fahrer und den ebenfalls getöteten Polizeibeamten.

Sollte zutreffen, was in den Medien behauptet wird, dass nämlich viele Leute wussten, dass der Tathergang anders war als bisher behauptet, dann wäre dies nicht zu entschuldigen. In einem Rechtsstaat muss eindeutig geklärt sein, wen man für welche Tat verurteilt hat.

Gab es damals ähnlich hektische Debatten um den Schutz vor terroristischen Anschlägen wie heute?

Ja, aber sie waren anders, weil die Computertechnik noch nicht so entwickelt war wie heute.

Wir haben in der Fraktion stundenlang darüber diskutiert, ob wir den Sicherheitsmaßnahmen zustimmen sollten oder nicht. Dabei ging es um Fragen wie: Darf verhaftet werden, wer keinen Ausweis mit sich führt? Wann darf ein Festgenommener erstmals seinen Rechtsanwalt sprechen? Wann müssen Eltern informiert werden, deren Kinder festgenommen worden sind?

Und wie haben Sie sich in dieser Diskussion verhalten?

Ich war sehr skeptisch, dass man die persönlichen Freiheiten derart einschränken wollte. Eigentlich war ich dagegen, aber man stand unter unglaublichem Druck und daher habe ich nur gewagt, mich der Stimme zu enthalten.

Am eigentlichen Studentenprotest gegen den Muff von 1000 Jahren unter den Talaren haben Sie im Gegensatz zu Ihrer Schwester Dodo nicht teilgenommen. Da haben Sie zu eifrig studiert und anschließend sind Sie mit Ihrem frisch angetrauten Ehemann nach Afrika und Asien abgereist.
Es ist schon erstaunlich, dass Sie trotz dieses Mankos ausgerechnet in der traditionell linken schleswig-holsteinischen SPD unter Führung des „roten Jochen" Ihre Karriere begannen.

Wir waren zwar weit weg von dem, was sich in Deutschland abspielte, aber wir bekamen Zeitungen und waren somit gut informiert, wenngleich mit einiger Zeitverzögerung.
Wie stark wir engagiert waren, zeigt sich daran, dass wir uns von einem deutschen Entwicklungshelfer ein Buch von Herbert Marcuse, dem geistigen Vater der Studentenbewegung, ausliehen: „Der eindimensionale Mensch". Das Dumme war, unser Mischling „Kerlchen" hat es angefressen. Was sehr peinlich war, denn das Buch gab es wegen der großen Nachfrage für geraume Zeit im Handel nicht mehr.

Die erste Stufe der Karriereleiter erklommen aber Sie und nicht Ihr „Kerlchen", obwohl der einige Passagen Marcuse verschlungen hat.

(Lacht) Die Linken in der schleswig-holsteinischen SPD wurden mit dem Wunsch Willy Brandts konfrontiert, jungen Frauen den Zugang zur Partei zu erleichtern. Sie sollten nicht, wie es bis dahin üblich war, die übliche Ochsentour absolvieren müssen. Da die Kieler SPD nicht nur links, sondern auch fortschrittlich dachte, setzte sie diese Idee in die Praxis um. Kaum war ich in die SPD eingetreten, bestimmte man, ich solle im Kieler Rathaus Kommunalpolitik betreiben, obwohl ich zunächst nicht die geringste Ahnung hatte, wie man das macht.

Damit waren Sie dann auch aus dem revolutionären Verkehr gezogen. Denn der letzte Aufstand in Kiel richtete sich gegen Kaiser Wilhelm II.

Doch zurück zur RAF. Ist es mit der Aufarbeitung des linken Terrors ähnlich wie mit der Bewältigung der NS-Vergangenheit? Müssen erst Jahrzehnte vergehen, eher alle Aspekte und alle Einzeltaten geklärt werden können?

Es scheint so. Ich habe allerdings den Eindruck, dass viele in Deutschland mit der Aufarbeitung der rechten Vergangenheit weniger Probleme haben als mit der linken. Mitläufer und Träger des DDR-Regimes werden sehr viel kritischer unter die Lupe genommen, als man es jemals bei rechtsextremen und nationalsozialistischen Kräften gemacht hat. Die „Gnade", die man den Rechtsextremen gewährt hat, müsste irgendwann doch auch einmal für die Linksextremen gelten.

Ich gebe aber zu: Die bürgerliche Mitte in Deutschland ist politisch reifer geworden. Sie hat begriffen, dass man die beiden extremen Flügel gleichermaßen bewerten und richten muss.

Sie erwähnten eben die DDR. Gibt es über Sie eine Stasi-Akte und haben Sie die eingesehen?

Ich weiß, dass es eine Stasi-Akte über mich gibt. Als dieses Thema beim zweiten Untersuchungsausschuss des Kieler Landtags zur Barschel/Pfeiffer-Affäre eine Rolle spielte, habe ich mich bei der damaligen Gauck-Behörde erkundigt, ob ich meine Akte einsehen dürfe. Daraufhin hat man mir mitgeteilt, ich sollte mich – wegen der großen Nachfrage – doch lieber in zehn Jahren wieder melden, was ich schon als merkwürdig empfand. Ich habe mich dann aber nicht weiter um die Geschichte gekümmert. Und inzwischen interessiert mich das Thema nicht mehr. Ich weiß nur, dass es sich um Anrufe vom Autotelefon handelt, die konnte man offenbar mühelos abhören. Aber was soll ich da schon gesagt haben? Bestimmt nichts Wichtiges.

Interessiert Sie auch nicht, wer aus Ihrem Umfeld Informationen an die Stasi gereicht haben könnte?

Bei dieser Frage schwankt man ein bisschen. Es wäre schon interessant, den Verräter zu kennen. Nur, was bringt es? Man regt sich mächtig auf, denkt: Von dem oder von der hättest du es wirklich nicht erwartet, aber das ist es dann auch schon.
Viel Vergnügen haben Informanten und Lauscher ohnehin nicht gehabt. Es war doch immer dasselbe, was sie erfuhren: Im Frühling mein Gejammer über den Pollenflug, im Sommer die Klagen über uneinsichtige Kollegen am Kabinettstisch, die meinem Haushalt nicht folgen wollten, und im Herbst das Lamentieren über die Abgeordneten, die mit dem Etat nicht zufrieden waren.

Da wird die Truppe von Stasi-Chef Erich Mielke bestimmt dankbar gewesen sein, dass ihrem Staat die so mühsame Demokratie erspart geblieben ist.

Stimmt. Mich hätten sie in ihrem Reich bestimmt nicht gebrauchen können.

Vom Land in die Stadt

Sie sind vor knapp drei Jahren aus dem kleinen, eher idyllischen Bordesholm nach Kiel gezogen. Hat das Vorteile? Sie haben hier in der Landeshauptstadt nicht einmal ein Gärtchen, wo Sie am Morgen Blumen „hinrichten" können, wie es Edmund Stoiber so schön formulierte.

Gartenarbeit muss ich nicht unbedingt haben. Mir reicht es, wenn ich auf unserem Balkon Blumentöpfe stellen kann. Altmodische Geranien zum Beispiel schätze ich sehr. Ins ehemalige Amtsgericht von Bordesholm sind wir eingezogen, als ich 1976 den Wahlkreis Rendsburg-Eckernförde gewann. Als unser Vermieter Eigenbedarf geltend machte, war ich richtig schockiert. Allein der Gedanke, meine ganze Flohmarkt-Beute umzuquartieren, bereitete mir Magenschmerzen.

Sie sollen alle in Kiel aufzutreibenden Kisten benötigt haben.

Das ist natürlich übertrieben, aber 800 Kartons waren es schon. Alle zerbrechlichen Stücke haben den Transport unbeschadet überstanden.

Und jetzt sind Sie zufriedener Stadtmensch?

Ja, ich bin sehr zufrieden. Wir haben hier eine wunderschöne Wohnung. Ich brauche hohe, weite Räume. Vielleicht liegt es daran, dass ich als Kind Asthma hatte. Jedenfalls kann ich keine geschlossenen Türen ertragen und keine niedrigen Decken. Nur wenn meine Umgebung hell und weiträumig ist, habe ich das Gefühl, genug Luft zu bekommen.

War Ihr Umzug in die Stadt auch so etwas wie eine Altersversorgung?

Als Hausfrau (2007)

Ja, kann man sagen. Als der Umzug anstand, da haben wir uns gefragt: Bleiben wir im ländlichen Raum, oder gehen wir in die Großstadt. Aufs Alter bezogen lautete die Alternative: Essen auf Rädern in Bordesholm oder Taxi in Kiel. In der Praxis stelle ich mir das Alter so vor: Wir suchen einen „Italiener" als Stammlokal, lassen uns dort zur Essenszeit hinfahren. „Buon giorno Signora", dann kommt die Suppe, die man auf jeden Fall essen muss, danach kommt der Wein und anschließend ein kleines Hauptgericht, und dann „arrivederci" bis morgen. Also nicht Altersheimessen, sondern Stammgast.

Haben Sie das Ihren Wünschen entsprechende Lokal schon entdeckt?

Bisher nicht, gibt es aber bestimmt. Wir haben ja beide noch Zeit.

Ihr Parteifreund Henning Scherf schwärmt für das Wohnen in einer WG, hat sogar schon ein Buch über das Leben im Alter

Mit Henning Scherf

geschrieben. Wäre das auch eine Wohnalternative für Sie und Ihren Mann?

Gott bewahre. Meine Schwester Dodo lebte in einer Wohngemeinschaft. Immer wenn ich sie besuchte, stand jemand mit Koffern an der Tür. Es war entweder ein Einzug oder ein Auszug. Kaum hatte man sich an einen gewöhnt, war schon wieder ein anderer da. Und dann auch noch diese strikten Regeln. Wer macht die Treppe, wer die Toilette? Alles genau auf Zetteln festgelegt. Nichts für mich. Das habe ich anfangs auch schon in meiner Bonner Zeit gemerkt. Dort wohnte ich erst bei Verwandten, dann bei einer Kollegin. Kam ich abends nach Hause, waren die noch auf und man musste entscheiden: Kannst Du einfach einen schönen guten Abend wünschen und in dein Zimmer gehen, oder muss man aus Höflichkeit noch etwas erzählen. Oder muss man gar morgens gemeinsam frühstücken. Ich kann das alles nicht, ich muss in meinen eigenen vier Wänden leben. Was ich mir vorstellen kann, das ist eine Witwen-Wohngemeinschaft Steinhardt/Simonis/Böttcher. Wenn unsere Männer nicht mehr unter uns weilen sollten, dann ziehen wir drei Schwestern zusammen. Und ich bin sicher, dass wir dann noch viel Spaß haben werden.

Noch wohnen Sie weder in der Drei-Witwen-WG noch müssen Sie mit dem Taxi zum Italiener fahren. Gegessen wird vorwiegend zuhause. Wer kocht?

Alle denken, mein Mann, weil der ausgebildeter Bäcker und Konditor ist. Aber er backt nicht und er kocht nicht. Er kann

164

Die Schwestern Barbara, Dodo und Heide

nur etwas aufwärmen und Salat anrichten. Nudeln kann er zur Not noch weichkochen.

Können Sie etwas besonders gut kochen?

Ich bin eher eine mäßige Köchin. Alles, was mit weißem Fleisch zusammenhängt, kann ich gut zubereiten, auch Fischgerichte, die ess ich gerne.

Sind in Ihren Gerichten noch Spuren aus Ihrer afrikanischen und fernöstlichen Zeit zu entdecken?

Nichts Nennenswertes. Ich habe in Sambia und in Japan immerhin so etwas wie eine Koch-Grundausbildung erhalten, musste allerdings kräftig Lehrgeld zahlen. Ich erinnere mich noch mit Schrecken an ein Weihnachtsmenü in Sambia. Es sollte, wie in einem guten deutschen Haushalt üblich, Ente zum Abendessen geben. Ich hatte noch nie eine gebraten. Also informierte ich mich, wie lange sie im Backofen bleiben muss, streute etwas Salz drüber und ließ es brutzeln. Als die Zeit herum war, zog ich ein Stein gewordenes Ding heraus, mit dem hätte man eine ganze Heerschar erschlagen können. Von da an wusste ich, dass man eine Ente vor dem Braten mit Gewürzen präparieren und anschließend fleißig übergießen muss. Nach diesem Reinfall habe ich mir dann englische Kochbücher gekauft.

Kennen die Engländer wirklich Kochbücher?

In Sambia gab es jedenfalls welche. Die bereiteten jedoch eine Schwierigkeit. Ich musste mühsam die angegebenen Maße umrechnen. „One ounce" gleich 28 Gramm. Als wir nach Deutschland zurückkamen, konnte ich ganz gut kochen, und nach dem Essen in mancher Restauration fühle ich mich heute sogar als vorzügliche Köchin.

Sie kümmern sich jetzt um Kinder in Not. Warum haben Sie selber keine Kinder?

Ich weiß, es klingt merkwürdig, aber wir haben den richtigen Zeitpunkt verpasst. Als ich gerade mit dem Studium fertig war, kam für meinen Mann das Angebot aus Sambia, danach zogen wir nach Japan, anschließend arbeitete mein Mann an seiner Habilitation, und ich kam in den Bundestag. Wir haben uns nicht bewusst gegen Kinder entschieden, sondern immer gesagt: Es ist ja noch Zeit. Ja, und dann war der Zug eines Tages abgefahren.

Bedauern Sie, dass Sie keine Kinder haben? Im Alter kann das zu Einsamkeit führen.

Kann, muss aber nicht. Manche Leute haben mit ihren Kindern gewaltigen Ärger. Gegen Einsamkeit helfen Bekanntschaften und Freundschaften und Einladungen. Mein Mann und ich haben uns vorgenommen, etwas geselliger zu werden, öfter Leute einzuladen. Außerdem rückt die Familie wieder enger zusammen.

Meine Schwester Barbara, die lange unterwegs war, zieht wieder nach Kiel. Darauf freuen wir uns.

Gesund gelebt und doch erkrankt

Ist eigentlich der Eindruck richtig, dass die Politik eine sehr ungesunde Beschäftigung ist? Zuviel geraucht, zuviel getrunken, wenig geschlafen. Von Kennern wird behauptet, zur späten Stunde sei der Alkoholpegel im Bundestag ähnlich hoch wie in der nächsten Eckkneipe.

(Lacht vielsagend) An diesem Vergleich ist etwas dran. Manchmal sind – so Joschka Fischer – die Fahnen im Plenum viel länger als die, die vor dem Bundestag flattern. Es wird in der Tat unregelmäßig und zu viel gegessen. Die Liebe des Altbundeskanzlers zur fetten Currywurst und vergleichbar gesunden Speisen wird parteiübergreifend von anderen Mitgliedern des Hohen Hauses durchaus geteilt. Dazu wird ein bisschen viel getrunken, und wie überall im Leben gibt es auch echte Alkoholiker. Da die Abgeordneten frei sind und keinen Chef haben, ermahnt sie niemand, wenigstens im Dienst nüchtern zu bleiben. Dieser Dienst erstreckt sich aber auch häufig bis in die Nacht, und da kann man nicht ständig Mineralwasser trinken. Und wenn der offizielle Teil beendet ist, sitzt man noch in geselliger Runde bei einem Bier. Wer dabei nicht mitmacht, fühlt sich schnell einsam und gilt als Außenseiter.

Sie rauchen wenigstens nicht. War das immer so?

Nein, als Studentin und auch noch später habe ich relativ heftig geraucht. Mein Mann aber hat es mir abgewöhnt, und zwar

mit der schlichten Bemerkung: „Du stinkst". Das hat bei
mit sehr gewirkt, denn ich liebe Parfüms und gute Gerüche.
Wenn man sich gerade eingesprüht hat, und jemand schnüf-
felt und sagt: „Du stinkst nach Zigaretten", dann kann man
nur sofort aufhören zu rauchen.

Treiben Sie Sport?

Ich habe mich eine Zeit lang in einem Fitnessstudio gequält
und muss da auch unbedingt wieder hin. Ich bekomme immer so Anfälle. Dann mache ich Yoga oder Tai Chi oder gehe
zum Schwimmen. Leider muss ich zugeben, dass ich in sport-
licher Hinsicht nicht besonders diszipliniert bin. Erst bin ich
mit Eifer dabei, dann lässt die Begeisterung bald nach.

*Über eigene Krankheiten reden Politiker meistens nur, wenn
es unbedingt sein muss. Im harten politischen Geschäft gelten
Gebrechen als Schwächen, die der Gegner ausnutzen könnte.
Auch sie haben erst nach Ihrem Ausscheiden aus dem Amt
Einzelheiten über ihre Brustkrebserkrankung preisgegeben.*

Ich habe selber erlebt, wie bei einem Kieler Oppositionspo-
litiker dessen Krebserkrankung im Wahlkampf gegen ihn
eingesetzt wurde. Auch über mich wurden entsprechende
Informationen gestreut. Ich habe meine Krankheit nicht ver-
heimlicht, ich habe aber auch nicht darüber geredet. Man
fühlt sich zwar nicht wohler, wenn man darüber schweigt,
aber man fühlt sich beschissen, wenn alle darüber reden, nur
man selber nicht – und wenn in den Medien spekuliert wird:
Ob sie wohl durchhält? Ich habe Glück gehabt, dass der
Knoten in einer Brust früh entdeckt wurde. Ich hatte zwar
keine Chemotherapie und mir sind nicht die Haare ausgefallen. Aber ich bin bestrahlt worden, das war eine Belastung.
Nach dem ersten Schock habe ich mir gesagt: „Du machst

weiter als wärest du gesund". Ich habe meinen Wein getrunken, obwohl man Alkohol vermeiden soll, ich habe etwas Gymnastik betrieben, und ich habe auch nicht lange darüber gejammert, dass es ausgerechnet mich getroffen hat.

Und was hat Sie veranlasst, sich schließlich über das Fernsehen doch zu offenbaren?

Als ich abends in die Sendung ging, war ich fest entschlossen, nicht über meine Krankheit zu sprechen. Ich wusste, dass Beckmann danach fragen würde. Aber als er dann die Frage stellte, habe ich gedacht: Warum eigentlich solltest du nicht antworten? Es kann dich niemand mehr umbringen mit dieser Diagnose.

Gelten Sie jetzt als geheilt?

Ich bin „durch", wie man zu sagen pflegt. Was nicht bedeutet, dass nicht an jeder anderen Stelle meines Körpers Krebs ausbrechen kann.

Tut der Rückzug aus dem Stress des politischen Lebens wohl? Fühlen Sie sich gesundheitlich besser?

Ja, was aber nichts besagt. Ich kann meistens ausschlafen, muss nicht jeden Abend bis mindestens um 23 Uhr unterwegs sein, und ich brauche nicht jeden zweiten Tag mit Leuten im Nadelstreifenanzug zusammensitzen, die einem den Nerv töten.

Mir fällt gerade auf, dass Sie Ihren Titel „Herrin der Ringe" abgeben müssen. Statt ein Dutzend Ringe, wie früher, tragen Sie nur noch einen einzigen. Hat das etwas zu bedeuten?

Nein, daraus lassen sich keine tieferen Erkenntnisse ableiten. Mir gefallen plötzlich große Ringe. Davon kann man aber nicht mehrere tragen.

Auch wenn Sie schon fast alles erreicht haben. Gibt es noch etwas, wovon Sie träumen? Ein Haus in der Toskana oder eine Schlittenfahrt in Alaska?

(Lacht) Auf keinen Fall Alaska, das wär mir viel zu kalt. Eine Zeit lang haben wir an den Kauf eines Hauses in der Toskana gedacht. Aber dann haben wir gehört, welche Schwierigkeiten sich daraus ergeben, was alles passieren kann, dass man zuverlässige Nachbarn braucht, die sich kümmern. Daher haben wir uns gesagt: Es ist doch viel angenehmer, wenn man Verwandte und Freunde mit einem Haus in der Toskana hat, das sie für ein oder zwei Wochen zur Verfügung stellen.

Wenn schon kein Traumhaus, dann doch vielleicht eine Traumreise?

Ich wollte immer einmal die alte Seidenstraße entlang wandern und habe mir die Route angesehen. Es wären 5000 Kilometer, und die schaffe ich nicht mehr. Ich gehöre leider nicht zu den robusten englischen Ladies, die mit festem Schuhwerk durch Taschkent marschieren und anschließend nach Bhutan abbiegen.

Haben Sie ein Lebensmotto, an das Sie sich halten?

Ja, ja, ein sehr hilfreiches.

Darf ich raten? „Vertrauen ist gut, Misstrauen ist besser"?

Völlig daneben. Mein Motto lautet: „Nichts ist so schlimm, als dass nicht noch was Gutes dran wäre." Es hat sich nach meiner Nicht-Wahl einmal mehr bestätigt. Mein Vorgänger bei UNICEF beschloss gerade zu diesem Zeitpunkt zurückzutreten, weil er sich um seine Frau kümmern wollte. Also, man wird rausgeschmissen, weiß überhaupt nicht, wie es weitergeht und bekommt dann ein so tolles Angebot.

Wenn sich die berufliche Karriere dem Ende zuneigt, dann fragt man sich, würde man noch einmal Journalist oder Schauspieler oder eben Politiker werden. Wie antworten Sie? Hätten Sie vor 45 Jahren doch lieber Physik studieren sollen?

Ein klares Nein. Wenn ich noch einmal wählen dürfte: Ich wäre gerne die Callas geworden. Diese Karriere stand aber nicht zur Verfügung. Daher würde ich wieder in die Politik gehen, denn es scheint mir in den Genen zu liegen, dass ich etwas anpacken, etwas entscheiden will. Ich habe nun einmal dieses Alpha-Tier-Verhalten.

Das man am Besten in der Politik ausleben kann?

Man kann natürlich auch Psychotherapeut werden. Dann wird man aber eine echte Bedrohung für die Patienten.

Was nicht ist, kann ja noch werden. Sie haben in Ihrem Leben schon so oft neue Aufgaben übernommen, wer weiß, welche Überraschungen noch auf Sie warten. Schade eigentlich, dass wir ausgerechnet auf diese Frage an dieser Stelle keine Antwort bieten können.

Im Gespräch: Heide Simonis und Erich Maletzke

Heide Simonis - Das Leben in Stichworten

4. Juli 1943	Geboren in Bonn als älteste von drei Töchtern des Ehepaares Dr. Horst und Sophia Steinhardt
1962	Abitur in Nürnberg
1967	Nach dem Studium der Volkswirtschaftslehre und Soziologie in Erlangen, Nürnberg und Kiel Examen als Diplom-Volkswirtin. Im gleichen Jahr Heirat mit Professor Dr. Udo Simonis, der Beratertätigkeiten in Sambia und Japan übernimmt
1967/68	Lektorin für Deutsch an der Universität Lusaka (Sambia)
1969	Eintritt in die SPD
1970 bis 1972	Aufenthalt in Japan. Mitarbeit bei Triumph International in Tokio, Tutorin am dortigen Goethe-Institut
1972 bis 1976	Mitglied der Kieler Ratsversammlung. Die ersten Monate der Legislaturperiode war das Mandat für sie „reserviert".
1972 bis 1976	Berufsberaterin beim Kieler Arbeitsamt
1976 bis 1988	Mitglied des Deutschen Bundestages. Direkt gewählt im Wahlkreis Rendsburg-Eckernförde. Sprecherin der SPD-Fraktion im Haushaltsausschuss und Mitglied des SPD-Fraktionsvorstandes
Juni 1988 bis Mai 1993	Finanzministerin im Kieler Kabinett von Ministerpräsident Björn Engholm
19. Mai 1993	Als Nachfolgerin von Björn Engholm schleswig-holsteinische Ministerpräsidentin und damit erste Regierungschefin eines deutschen Bundeslandes
1996	Wiederwahl als Ministerpräsidentin, Regierungschefin einer rot-grünen Koalition

2000	Bestätigung als Ministerpräsidentin und Fortsetzung der Koalition.
2004	Umzug von Bordesholm nach Kiel
20. Februar 2005	Bei den Landtagswahlen wird die CDU überraschend stärkste Partei. SPD und Grüne einigen sich auf eine Koalition, die von dem Südschleswigschen Wählerverband (SSW) geduldet wird
17. März 2005	Heide Simonis erreicht im Parlament nach vier Wahlgängen nicht die erforderliche Mehrheit und zieht sich aus der Politik zurück
Juni 2005	Mitglied im Vorstand von UNICEF Deutschland
Seit Januar 2006	Vorsitzende von UNICEF Deutschland

Personenregister

Fotos: Astrid Boelter, Günther Grätsch (shz), Pressestelle Landtag/ Landesregierung Schleswig-Holstein, Privatarchiv Heide Simonis, UNICEF